COLEÇÃO
GRANDES OBRAS
VERMELHO MARINHO

AS PRIMAVERAS

CASIMIRO DE ABREU

1ª EDIÇÃO - 2019
RIO DE JANEIRO, RJ

Editor-chefe:
Tomaz Adour

Revisão:
Equipe Vermelho Marinho

Projeto Gráfico:
Editora Estronho (Marcelo Amado)

Arabesco da arte da capa e miolo:
Garry Killian

Texto revisado e atualizado conforme definições do novo Acordo Ortográfico da Língua Portuguesa de 2009.

Abreu, Casimiro de
Primaveras, As / Casimiro de Abreu
Rio de Janeiro: Vermelho Marinho, 2019.
126 p. 14 x 21cm
ISBN: 978-85-8265-143-8
1. Literatura Brasileira. 2. Clássicos. 3. Poesia 4. Título.
CDD B869.1

EDITORA VERMELHO MARINHO USINA DE LETRAS LTDA
Rio de Janeiro — Departamento Editorial:
Avenida Gilka Machado, 315 — bloco 2 — casa 6
Recreio dos Bandeirantes — Rio de Janeiro — RJ
CEP: 22795-570

www.editoravermelhomarinho.com.br

VERMELHO MARINHO

SUMÁRIO

AS PRIMAVERAS

A F. Octaviano

São as flores das minhas primaveras
Rebentadas a sombra dos coqueiros.

Teixeira de Mello: Sombras e Sonhos.

Um dia — além dos Órgãos, na poética Friburgo — isolado dos meus companheiros de estudo, tive saudades da casa paterna e chorei.

Era de tarde; o crepúsculo descia sobre a crista das montanhas e a natureza como que se recolhia para entoar o cântico da noite; as sombras estendiam-se pelo leito dos vales e o silêncio tornava mais solene a voz melancólica do cair das cachoeiras. Era a hora da merenda em nossa casa e pareceu-me ouvir o eco das risadas infantis de minha mana pequena! As lágrimas correram e fiz os primeiros versos da minha vida, que intitulei — Às Ave-Marias: — a saudade havia sido a minha primeira musa.

Era um canto simples e natural como o dos passarinhos, e para possuí-lo hoje eu dera em troca este volume inútil, que nem conserva ao menos o sabor virginal daqueles prelúdios!

Depois, mais tarde, nas ribas pitorescas do Douro ou nas várzeas do Tejo, tive saudades do meu ninho das florestas e cantei; a nostalgia me apagava a vida e as veigas visonhas do Minho não tinham a beleza majestosa dos sertões.

Eu era entusiasta então e escrevia muito, porque me embalava à sombra duma esperança que nunca pude ver realizada. Numa hora de desalento rasguei muitas dessas páginas cândidas e quase que pedi o bálsamo da sepultura para as úlceras recentes do coração; é que as primeiras ilusões da vida, abertas de noite — caem pela manhã como as flores cheirosas das laranjeiras!

Flores e estrelas, murmúrios da terra e mistérios do céu, sonhos de virgem e risos de criança, tudo o que é belo e tudo o que é grande, veio por seu turno debruçar-se sobre o espelho mágico da minha alma e aí estampar a sua imagem fugitiva. Se nessa coleção de imagens predomina o perfil gracioso duma virgem, facilmente se explica: — era a filha do céu que vinha vibrar o alaúde adormecido do pobre filho do sertão.

Rico ou pobre, contraditório ou não, este livro fez-se por si, naturalmente, sem esforço, e os cantos saíram conforme as circunstâncias e os lugares os iam despertando. Um dia a pasta pejada de tanto papel pedia que lhe desse um destino qualquer, e foi então que resolvi a publicação das — Primaveras; depois separei muitos cantos sombrios, guardei outros que constituem o meu — livro íntimo — e no fim de mudanças infinitas e caprichosas, pude ver o volume completo e o entrego hoje sem receio e sem pretensões.

Todos aí acharão cantigas de criança, trovas de mancebo, e raríssimos lampejos de reflexão e de estudo: é o coração que se espraia sobre o eterno tema do amor e que soletra o seu poema misterioso ao luar melancólico das nossas noites.

Meu Deus! Que se há de escrever aos vinte anos, quando a alma conserva ainda um pouco da crença e da virgindade do berço? Eu creio que sempre há tempo de sermos homem sério, e de preferirmos uma moeda de cobre a uma página de Lamartine[1].

De certo, tudo isto são ensaios; a mocidade palpita, e na sede que a devora decepa os louros inda verdes e antes de tempo quer ajustar as cordas do instrumento, que só a madureza da idade e o trato dos mestres poderão temperar.

O filho dos trópicos deve escrever numa linguagem — propriamente sua — lânguida como ele, quente como o sol que o abrasa, grande e misteriosa como as suas matas seculares; o beijo apaixonado das Celutas deve inspirar epopeias como a dos — Timbiras — e acordar os Renés enfastiados do desalento que os mata. Até então, até seguirmos o voo arrojado do poeta de — I-Juca-Pirama[2] — nós, cantores novéis, somos as vozes secundárias que se perdem no conjunto duma grande orquestra: há o único mérito de não ficarmos calados.

Assim, as minhas — Primaveras — não passam de um ramalhete das flores próprias da estação, — flores que o vento esfolhará amanhã, e que apenas valem como promessa dos frutos do outono.

Rio — 20 de agosto — 1859.

CASIMIRO DE ABREU

1 Lamartine (1790-1869) — ilustre poeta francês, cujos versos são de deliciosa suavidade e lirismo eloquente e profundo. Autor de Meditações Poéticas, Harmonias Poéticas e Religiosas, Jocelyn, História dos Girondinos, entre outras.

2 Obra de Gonçalves Dias.

A

Falo a ti — doce virgem dos meus sonhos,
Visão dourada dum cismar tão puro,
Que sorrias por noites de vigília
Entre as rosas gentis do meu futuro.

Tu m'inspiraste, oh musa do silêncio,
Mimosa flor da lânguida saudade!
Por ti correu meu estro ardente e louco
Nos verdores febris da mocidade

Tu vinhas pelas horas das tristezas
Sobre o meu ombro debruçar-te a medo,
A dizer-me baixinho mil cantigas,
Como vozes sutis d'algum segredo!

Por ti eu me embarquei, cantando e rindo,
— Marinheiro de amor — no batel curvo,
Rasgando afouto em hinos d'esperança
As ondas verde-azuis dum mar que é turvo.

Por ti corri sedento atrás da glória;
Por ti queimei-me cedo em seus fulgores;
Queria de harmonia encher-te a vida,
Palmas na fronte — no regaço flores!

Tu, que foste a vestal dos sonhos d'ouro,
O anjo-tutelar dos meus anelos,
Estende sobre mim as asas brancas.
Desenrola os anéis dos teus cabelos!

Muito gelo, meu Deus, crestou-me as galas!
Muito vento do sul varreu-me as flores!
Ai de mim — se o relento de teus risos
Não molhasse o jardim dos meus amores!

Não t'esqueças de mim! Eu tenho o peito
De santas ilusões, de crenças cheio!
— Guarda os cantos do louco sertanejo
No leito virginal que tens no seio.

Podes ler o meu livro: — adoro a infância,
Deixo a esmola na enxerga do mendigo,
Creio em Deus, amo a pátria, e em noites lindas
Minh'alma — aberta em flor — sonha contigo.

Se entre as rosas das minhas — Primaveras —
Houver rosas gentis, de espinhos nuas;
Se o futuro atirar-me algumas palmas
As palmas do cantor — são todas tuas!

Agosto 20 — 1859.

C.

La vie du vulgaire n'est qu'un vague et sourd murmure du coeur; la via de l'homme sensible est un cri; la vie du poète est un chant!

Lamartine.

PRIMAVERAS
LIVRO PRIMEIRO

Heureux ceux qui n'ont point vu la fumée des fètes de l'etranger, et qui ne se sont assis qu'aux festins de leurs péres!

Chateaubriand.

I - CANÇÃO DO EXÍLIO

Lisboa — 1855

Oh! mon pays sera mes amour
Toujours.
Chateaubriand.

Eu nasci além dos mares:
Os meus lares,
Meus amores ficam lá!
— Onde canta nos retiros
Seus suspiros,
Suspiros o sabiá!
Oh que céu, que terra aquela,
Rica e bela
Como o céu de claro anil!
Que seiva, que luz, que galas,
Não exalas
Não exalas, meu Brasil!
Oh! que saudades tamanhas
Das montanhas,
Daqueles campos natais!
Daquele céu de safira
Que se mira,
Que se mira nos cristais!
Não amo a terra do exílio,
Sou bom filho,
Quero a pátria, o meu país,
Quero a terra das mangueiras
E as palmeiras,
E as palmeiras tão gentis!
Como a ave dos palmares
Pelos ares
Fugindo do caçador;
Eu vivo longe do ninho,
Sem carinho;

Sem carinho e sem amor!
Debalde eu olho e procuro...
        Tudo escuro
Só vejo em roda de mim!
Falta a luz do lar paterno
        Doce e terno,
Doce e terno para mim.
Distante do solo amado
        — Desterrado —
A vida não é feliz.
Nessa eterna primavera
        Quem me dera,
Quem me dera o meu país!

II - MINHA TERRA

Lisboa — 1856

Minha terra tem palmeiras
Onde canta o sabiá.
G. Dias.

Todos cantam sua terra,
Também vou cantar a minha,
Nas débeis cordas da Lira
Hei de fazê-la rainha;
— Hei de dar-lhe a realeza
Nesse trono de beleza
Em que a mão da natureza
Esmerou-se em quanto tinha.
Correi pr'as bandas do sul
Debaixo dum céu de anil
Encontrareis o gigante
Santa Cruz, hoje Brasil;
— É uma terra de amores
Alcatifada de flores
Onde a brisa fala amores
Nas belas tardes de Abril.

Tem tantas belezas, tantas,
A minha terra natal,
Que nem as sonha um poeta
E nem as canta um mortal!
— É uma terra encantada
— Mimoso jardim de fada —
— Do mundo todo invejada,
Que o mundo não tem igual.
Não, não tem, que Deus fadou-a
Dentre todas — a primeira:
Deu-lhe esses campos bordados,
Deu-lhe os leques da palmeira,
E a borboleta que adeja
Sobre as flores que ela beija,
Quando o vento rumoreja
Na folhagem da mangueira.
É um país majestoso
Essa terra de Tupã,
Desd'o Amazonas ao Prata,
Do Rio Grande ao Pará!
— Tem serranias gigantes
E tem bosques verdejantes
Que repetem incessantes
Os cantos do sabiá.
Ao lado da cachoeira,
Que se despenha fremente,
Dos galhos da sapucaia
Nas horas do sol ardente,
Sobre um solo d'açucenas,
Suspensa a rede de penas
Ali nas tardes amenas
Se embala o índio indolente
Foi ali que noutro tempo
À sombra do cajazeiro
Soltava seus doces carmes
O Petrarca[3] brasileiro;

3 Petrarca (1304-1374), humanista, poeta italiano criador do soneto, poema em 14 versos.

E a bela que o escutava
Um sorriso deslizava
Para o bardo que pulsava
Seu alaúde fagueiro.
Quando Dirceu e Marília[4]
Em terníssimos enleios
Se beijavam com ternura
Em celestes devaneios;
Da selva o vate inspirado,
O sabiá namorado,
Na laranjeira pousado
Soltava ternos gorjeios.
Foi ali, foi no Ipiranga,
Que com toda a majestade
Rompeu de lábios augustos
O brado da liberdade;
Aquela voz soberana
Voou na plaga indiana
Desde o palácio à choupana,
Desde a floresta à cidade!
Um povo ergueu-se cantando
— Mancebos e anciãos —
E, filhos da mesma terra,
Alegres deram-se as mãos;
Foi belo ver esse povo
Em suas glórias tão novo,
Bradando cheio de fogo:
— Portugal! somos irmãos!
Quando nasci, esse brado
Já não soava na serra
Nem os ecos da montanha
Ao longe diziam — guerra!
Mas não sei o que sentia
Quando, a sós, eu repetia

4 Marília de Dirceu – coleção de poesias de Tomás Antônio Gonzaga (1744-1807). Gonzaga esteve comprometido na Insurreição Mineira, e foi por isso condenado a degredo para um presídio em Angola, pena comutada em desterro por 10 anos, para Moçambique.

Cheio de nobre ousadia
O nome da minha terra!
Se brasileiro eu nasci
Brasileiro hei de morrer,
Que um filho daquelas matas
Ama o céu que o viu nascer;
Chora, sim, porque tem prantos,
E são sentidos e santos
Se chora pelos encantos
Que nunca mais há de ver.
Chora, sim, como suspiro
Por esses campos que eu amo,
Pelas mangueiras copadas
E o canto do gaturamo;
Pelo rio caudaloso,
Pelo prado tão relvoso,
E pelo tiê formoso
Da goiabeira no ramo!
Quis cantar a minha terra,
Mas não pode mais a lira:
Que outro filho das montanhas
O mesmo canto desfira,
Que o proscrito, o desterrado
De ternos prantos banhado,
De saudades torturado,
Em vez de cantar — suspira!
Tem tantas belezas, tantas,
A minha terra natal,
Que nem as sonha um poeta
E nem as canta um mortal!
— É uma terra de amores
Alcatifada de flores
Onde a brisa em seus rumores
Murmura: — não tem rival!

III - SAUDADES

...1856

Nas horas mortas da noite
Como é doce o meditar
Quando as estrelas cintilam
Nas ondas quietas do mar;
Quando a lua majestosa
Surgindo linda e formosa,
Como donzela vaidosa
Nas águas se vai mirar!
Nessas horas de silêncio,
De tristezas e de amor,
Eu gosto de ouvir ao longe,
Cheio de mágoa e de dor,
O sino do campanário
Que fala tão solitário
Com esse som mortuário
Que nos enche de pavor.
Então — proscrito e sozinho —
Eu solto aos ecos da serra
Suspiros dessa saudade
Que no meu peito se encerra.
Esses prantos de amargores
São prantos cheios de dores:
— Saudades — dos meus amores,
— Saudades — da minha terra!

IV - CANÇÃO DO EXÍLIO

Lisboa — 1857

Se eu tenho de morrer na flor dos anos,
Meu Deus! não seja já;
Eu quero ouvir na laranjeira, à tarde,
    Cantar o sabiá!

Meu Deus, eu sinto e tu bem vês que eu morro
Respirando este ar;
Faz que eu viva, Senhor! dá-me de novo
Os gozos do meu lar!
O país estrangeiro mais belezas
Do que a pátria, não tem;
E este mundo não vale um só dos beijos
Tão doces duma mãe!
Dá-me os sítios gentis onde eu brincava
Lá na quadra infantil;
Dá que eu veja uma vez o céu da pátria,
O céu do meu Brasil!
Se eu tenho de morrer na flor dos anos,
Meu Deus! não seja já!
Eu quero ouvir na laranjeira, à tarde,
Cantar o sabiá!

Quero ver esse céu da minha terra
Tão lindo e tão azul!
E a nuvem cor de rosa que passava
Correndo lá do sul!
Quero dormir à sombra dos coqueiros,
As folhas por dossel;
E ver se apanho a borboleta branca,
Que voa no vergel!
Quero sentar-me à beira do riacho
Das tardes ao cair,
E sozinho cismando no crepúsculo
Os sonhos do porvir!
Se eu tenho de morrer na flor dos anos,
Meu Deus! não seja já;
Eu quero ouvir na laranjeira, à tarde,
A voz do sabiá!

Quero morrer cercado dos perfumes
Dum clima tropical,
E sentir, expirando, as harmonias
Do meu berço natal!
Minha campa será entre as mangueiras
Banhada do luar,
E eu contente dormirei tranquilo
À sombra do meu lar!
As cachoeiras chorarão sentidas
Porque cedo morri,
E eu sonho no sepulcro os meus amores
Na terra onde nasci!
Se eu tenho de morrer na flor dos anos,
Meu Deus! não seja já
Eu quero ouvir na laranjeira, à tarde,
Cantar o sabiá!

V - MINHA MÃE

Lisboa — 1855

Oh l'amour d'une mère ! — amour que nul n'oublie!
V. Hugo.

Da pátria formosa distante e saudoso,
Chorando e gemendo meus cantos de dor,
Eu guardo no peito a imagem querida
Do mais verdadeiro, do mais santo amor:
— Minha Mãe! —
Nas horas caladas das noites d'estio
Sentado sozinho co'a face na mão,
Eu choro e soluço por quem me chamava
— "Oh filho querido do meu coração!" —
— Minha Mãe! —
No berço, pendente dos ramos floridos
Em que eu pequenino feliz dormitava:
Quem é que esse berço com todo o cuidado
Cantando cantigas alegre embalava?
— Minha Mãe! —

De noite, alta noite, quando eu já dormia
Sonhando esses sonhos dos anjos dos céus,
Quem é que meus lábios dormentes roçava,
Qual anjo da guarda, qual sopro de Deus?
— Minha Mãe! —
Feliz o bom filho que pode contente
Na casa paterna de noite e de dia
Sentir as carícias do anjo de amores,
Da estrela brilhante que a vida nos guia!
— Uma Mãe! —
Por isso eu agora na terra do exílio,
Sentado sozinho co'a face na mão,
Suspiro e soluço por quem me chamava:
— "Oh filho querido do meu coração!" —
— Minha Mãe! —

VI - ROSA MURCHA

Lisboa — 1855

Esta rosa desbotada
Já tantas vezes beijada,
Pálido emblema de amor;
É uma folha caída
Do livro da minha vida,
Um canto imenso de dor!

Há que tempos ! Bem me lembro...
Foi num dia de Novembro:
Deixava a terra natal,
A minha pátria tão cara,
O meu lindo Guanabara,
Em busca de Portugal.
Na hora da despedida
Tão cruel e tão sentida
P'ra quem sai do lar fagueiro;
Duma lágrima orvalhada,
Esta rosa foi-me dada

Ao som dum beijo primeiro.
Deixava a pátria, é verdade,
Ia morrer de saudade
Noutros climas, noutras plagas;
Mas tinha orações ferventes
Duns lábios inda inocentes
Enquanto cortasse as vagas.
E hoje, e hoje, meu Deus?!
— Hei de ir junto aos mausoléus
No fundo dos cemitérios,
E ao baço clarão da lua

Da campa na pedra nua
Interrogar os mistérios!
Carpir o lírio pendido
Pelo vento desabrido...
Da divindade aos arcanos
Dobrando a fronte saudosa,
Chorar a virgem formosa
Morta na flor dos anos!
Era um anjo! Foi pr'o céu
Envolta em místico véu
Nas asas dum querubim;
Já dorme o sono profundo,
E despediu-se do mundo
Pensando talvez em mim!

Oh! esta flor desbotada,
Já tantas vezes beijada,
Que de mistérios não tem!
Em troca do seu perfume
Quanta saudade resume
E quantos prantos também!

VII - JURITI

Lisboa — 1857

Na minha terra, no bulir do mato,
A juriti suspira;
E como o arrulo dos gentis amores,
São os meus cantos de secretas dores
No chorar da lira.
De tarde a pomba vem gemer sentida
À beira do caminho;
— Talvez perdida na floresta ingente —
A triste geme nessa voz plangente
Saudades do seu ninho.
Sou como a pomba e como as vozes dela
É triste o meu cantar;
— Flor dos trópicos — cá na Europa fria
Eu definho, chorando noite e dia
Saudades do meu lar.
A juriti suspira sobre as folhas secas
Seu canto de saudade;
Hino de angústia, férvido lamento,
Um poema de amor e sentimento,
Um grito d'orfandade!
Depois... o caçador chega cantando.
À pomba faz o tiro...
A bala acerta e ela cai de bruços,
E a voz lhe morre nos gentis soluços,
No final suspiro.
E como o caçador, a morte em breve
Levar-me-á consigo;
E descuidado, no sorrir da vida,
Irei sozinho, a voz desfalecida,
Dormir no meu jazigo.
E — morta — a pomba nunca mais suspira
À beira do caminho;
E como a juriti, — longe dos lares —
Nunca mais chorarei nos meus cantares
Saudades do meu ninho!

VIII - MEUS OITO ANOS

Lisboa — 1857

Oh! Souvenirs! Printemps! Aurores!
V. Hugo.

Oh! que saudades que tenho
Da aurora da minha vida,
Da minha infância querida
Que os anos não trazem mais!
Que amor, que sonhos, que flores.
Naquelas tardes fagueiras
À sombra das bananeiras,
Debaixo dos laranjais!
Como são belos os dias
Do despontar da existência!
— Respira a alma inocência
Como perfumes a flor;
O mar é — lago sereno,
O céu — um manto azulado,
O mundo — um sonho dourado,
A vida — um hino d'amor!
Que auroras, que sol, que vida,
Que noites de melodia
Naquela doce alegria,
Naquele ingênuo folgar!
O céu bordado d'estrelas,
A terra de aromas cheia,
As ondas beijando a areia
E a lua beijando o mar!
Oh! dias da minha infância!
Oh! meu céu de primavera
Que doce a vida não era
Nessa risonha manhã!
Em vez das mágoas de agora,
Eu tinha nessas delícias
De minha mãe as carícias

E beijos de minha irmã!
Livre filho das montanhas,
Eu ia bem satisfeito,
Da camisa aberto o peito,
— Pés descalços, braços nus —
Correndo pelas campinas
À roda das cachoeiras.
Atrás das asas ligeiras
Das borboletas azuis!
Naqueles tempos ditosos
Ia colher as pitangas,
Trepava a tirar as mangas,
Brincava à beira do mar;
Rezava às Ave-Marias,
Achava o céu sempre lindo,
Adormecia sorrindo
E despertava a cantar!
Oh! que saudades que tenho
Da aurora da minha vida,
Da minha infância querida
Que os anos não trazem mais!
— Que amor, que sonhos, que flores,
Naquelas tardes fagueiras
À sombra das bananeiras,
Debaixo dos laranjais!

IX - NO ÁLBUM DE J.C.M.

Lisboa

Nestas folhas perfumadas
Pelas rosas desfolhadas
Desses cantos de amizade,
Permite que venha agora
Quem longe da pátria chora
Bem triste gravar: — saudade!

X - NO LAR

Indaiassú — 1857

Terra da minha pátria, abre-me o seio
Na morte — ao menos........
Garrett

I

Longe da pátria, sob um céu diverso
Onde o sol como aqui tanto não arde,
Chorei saudades do meu lar querido
— Ave sem ninho que suspira à tarde. —
No mar — de noite — solitário e triste
Fitando os lumes que no céu tremiam,
Ávido e louco nos meus sonhos d'alma
Folguei nos campos que meus olhos viam.
Era pátria e família e vida e tudo,
Glória, amores, mocidade e crença,
E, todo em choros, vim beijar as praias
Porque chorara nessa longa ausência.
Eis-me na pátria, no país das flores,
— O filho pródigo a seus lares volve,
E consertando as suas vestes rotas,
O seu passado com prazer revolve! —
Eis meu lar, minha casa, meus amores,
A terra onde nasci, meu teto amigo,
A gruta, a sombra, a solidão, o rio
Onde o amor me nasceu — cresceu comigo.
Os mesmos campos que eu deixei criança,
Árvores novas... tanta flor no prado!...
Oh! como és linda, minha terra d'alma,
— Noiva enfeitada para o seu noivado! —
Foi aqui, foi ali, além... mais longe,
Que eu sentei-me a chorar no fim do dia;
— Lá vejo o atalho que vai dar na várzea...
Lá o barranco por onde eu subia!...

Acho agora mais seca a cachoeira
Onde banhei-me no infantil cansaço...
— Como está velho o laranjal tamanho
Onde eu caçava o sanhaçu a laço!...
Como eu me lembro dos meus dias puros!
Nada m'esquece!... e esquecer quem há de?...
— Cada pedra que eu palpo, ou tronco, ou folha,
Fala-me ainda dessa doce idade!
Eu me remoço recordando a infância,
E tanto a vida me palpita agora
Que eu dera oh! Deus! a mocidade inteira
Por um só dia do viver d'outrora!
E a casa?... as salas, estes móveis... tudo,
O crucifixo pendurado ao muro...
O quarto do oratório... a sala grande
Onde eu temia penetrar no escuro!...
E ali... naquele canto... o berço armado
E minha mana, tão gentil, dormindo!
E mamãe a contar-me histórias lindas
Quando eu chorava e a beijava rindo!
Oh! primavera! oh! minha mãe querida
Oh! mana! — anjinho que eu amei com ânsia —
Vinde ver-me, em soluços — de joelhos —
Beijando em choros este pó da infância!

II

Meu Deus! eu chorei tanto lá no exílio!
Tanta dor me cortou a voz sentida,
Que agora neste gozo de proscrito
Chora minh'alma e me sucumbe a vida!
Quero amor! quero vida! e longa e bela
Que eu, Senhor! não vivi — dormi apenas!
Minh'alma que s'expande e se entumece
Despe o seu luto nas canções amenas.
Que sede que eu sentia nessas noites!
Quanto beijo roçou-me os lábios quentes!

E, pálido, acordava no meu leito
— Sozinho — e órfão das visões ardentes!
Quero amor! quero vida! aqui, na sombra,
No silêncio e na voz desta natura;
— Da primavera de minh'alma os cantos
Caso co'as flores da estação mais pura.
Quero amor! quero vida! os lábios ardem.
Preciso as dores dum sentir profundo!
— Sôfrego a taça esgotarei dum trago
Embora a morte vá topar no fundo.
Quero amor! quero vida! Um rosto virgem,
— Alma de arcanjo que me fale amores,
Que ria e chore, que suspire e gema
E doure a vida sobre um chão de flores.
Quero amor! quero amor! — Uns dedos brancos
Que passem a brincar nos meus cabelos;
Rosto lindo de fada vaporosa
Que dê-me vida e que me mate em zelos!
— Oh! céu de minha terra — azul sem mancha —
Oh! sol de fogo que me queima a fronte,
Nuvens douradas que correis no ocaso,
Névoas da tarde que cobris o monte;
Perfumes da floresta, vozes doces,
Mansa lagoa que o luar prateia,
Claros riachos, cachoeiras altas,
Ondas tranquilas que morreis na areia;
Aves dos bosques, brisas das montanhas,
Bem-te-vis do campo, sabiás da praia,
— Cantai, correi, brilhai — minh'alma em ânsias
Treme de gozo e de prazer desmaia!
Flores, perfumes, solidões, gorjeios,
Amor, ternura — modulai-me a lira!
— Seja um poema este ferver de ideias
Que a mente cala e o coração suspira.
Oh! mocidade! bem te sinto e vejo!
De amor e vida me trasborda o peito...

— Basta-me um ano!... e depois... na sombra...
Onde tive o berço quero ter meu leito!
Eu canto, eu choro, eu rio, e grato e louco
Nos pobres hinos te bendigo, oh! Deus!
Deste-me os gozos do meu lar querido...
Bendito sejas! — vou viver c'os meus!

XI - BRAZILIANAS

Indaiassú — 1857

MORENINHA

Moreninha, Moreninha,
Tu és do campo a rainha,
Tu és senhora de mim;
Tu matas todos d'amores,
Faceira, vendendo as flores
Que colhes no teu jardim.
Quando tu passas n'aldeia
Diz o povo à boca cheia:
— "Mulher mais linda não há
"Ai! vejam como é bonita
"Co'as tranças presas na fita,
"Co'as flores no samburá! —
Tu és meiga, és inocente
Como a rola que contente
Voa e folga no rosal;
Envolta nas simples galas,
Na voz, no riso, nas falas,
Morena — não tens rival!
Tu, ontem, vinhas do monte
E paraste ao pé da fonte
À fresca sombra do til;
Regando as flores, sozinha,
Nem tu sabes, Moreninha,

O quanto achei-te gentil!
Depois segui-te calado
Como o pássaro esfaimado
Vai seguindo a juriti;
Mas tão pura ias brincando,
Pelas pedrinhas saltando,
Que eu tive pena de ti!
E disse então: — Moreninha,
Se um dia tu fores minha,
Que amor, que amor não terás!
Eu dou-te noites de rosas
Cantando canções formosas
Ao som dos meus ternos ais.
Morena, minha sereia,
Tu és a rosa da aldeia,
Mulher mais linda não há;
Ninguém t'iguala ou t'imita
Co'as tranças presas na fita,
Co'as flores no samburá!
Tu és a deusa da praça,
E todo o homem que passa
Apenas viu-te... parou!
Segue depois seu caminho
Mas vai calado e sozinho
Porque sua alma ficou!
Tu és bela, Moreninha,
Sentada em tua banquinha
Cercada de todos nós;
Rufando alegre o pandeiro,
Como a ave no espinheiro
Tu soltas também a voz:
— "Oh quem me compra estas flores?
"São lindas como os amores,
"Tão belas não há assim;
"Foram banhadas de orvalho,
"São flores do meu serralho,

"Colhi-as no meu jardim." —
Morena, minha Morena,
És bela, mas não tens pena
De quem morre de paixão!
— Tu vendes flores singelas
E guardas as flores belas,
As rosas do coração?!...
Moreninha, Moreninha,
Tu és das belas rainha,
Mas nos amores és má
— Como tu ficas bonita
Co'as tranças presas na fita,
Co'as flores no samburá!
Eu disse então: — "Meus amores,
"Deixa mirar tuas flores,
"Deixa perfumes sentir!"
Mas naquele doce enleio,
Em vez das flores, no seio,
No seio te fui bulir!
Como nuvem desmaiada
Se tinge de madrugada
Ao doce albor da manhã
Assim ficaste, querida,
A face em pejo acendida,
Vermelha como a romã!
Tu fugiste, feiticeira,
E decerto mais ligeira
Qualquer gazela não é;
Tu ias de saia curta...
Saltando a moita de murta
Mostraste, mostraste o pé!
Ai! Morena, ai! meus amores,
Eu quero comprar-te as flores,
Mas dá-me um beijo também;
Que importam rosas do prado
Sem o sorriso engraçado

Que a tua boquinha tem?...
Apenas vi-te, sereia,
Chamei-te — rosa da aldeia —
Como mais linda não há.
— Jesus! Como eras bonita
Co'as tranças presas na fita,
Co'as flores no samburá!

XII - NA REDE

Junho — 1858

Nas horas ardentes do pino do dia
Aos bosques corri;
E qual linda imagem dos castos amores,
Dormindo e sonhando cercada de flores
Nos bosques a vi!
Dormia deitada na rede de penas
— O céu por dossel,
De leve embalada no quieto balanço
Qual nauta cismando num lago bem manso
Num leve batel!
Dormia e sonhava — no rosto serena
Qual um serafim;
Os cílios pendidos nos olhos tão belos,
E a brisa brincando nos soltos cabelos
De fino cetim!
Dormia e sonhava — formosa embebida
No doce sonhar,
E doce e sereno num mágico anseio
Debaixo das roupa batia-lhe o seio
No seu palpitar!
Dormia e sonhava — a boca entreaberta
O lábio a sorrir;
No peito cruzados os braços dormentes,
Compridos e lisos quais brancas serpentes
No colo a dormir!

Dormia e sonhava — no sonho de amores.
Chamava por mim,
E a voz suspirosa nos lábios morria
Tão terna e tão meiga qual vaga harmonia
De algum bandolim!
Dormia e sonhava — de manso cheguei-me
Sem leve rumor;
Pendi-me tremendo e qual fraco vagido,
Qual sopro da brisa, baixinho ao ouvido
Falei-lhe de amor!
Ao hálito ardente o peito palpita...
Mas sem despertar;
E como nas ânsias dum sonho que é lindo,
A virgem na rede corando e sorrindo...
Beijou-me — a sonhar!

XIII - A VOZ DO RIO NUM ÁLBUM

Rio — 1858

Nosso sol é de fogo, o campo é verde,
O mar é manso, nosso céu azul!
— Ai! porque deixas este pátrio ninho
Pelas friezas dos vergéis do sul?
Lá nessa terra onde o Guaíba chora
Não são as noites, como aqui, formosas,
E as duras asas do Pampeiro iroso
Quebra as tulipas e desfolha as rosas.
A lua é doce, nosso mar tranquilo,
Mais leve a brisa, nosso céu azul!...
— Tupã! quem troca pelo pátrio ninho
As ventanias dos vergéis do sul?!
Lá novos campos outros campos ligam
E a vista fraca na extensão se perde!
E tu sozinha viverás no exílio
— Garça perdida nesse mar que é verde! —

Nossas campinas como doces noivas
Vivem c'os montes sob o céu azul!
— Há vida e amores neste pátrio ninho
Mais rico e belo que os vergéis do sul!
Essas palmeiras não tem tantos leques,
O sol das Pampas marcou seu brilho,
Nem cresce o tronco que susteve um dia
O berço lindo em que dormiu teu filho!
Nossas florestas sacudindo os galhos
Tocam c'os braços este céu azul!...
— Se tudo é grande neste pátrio ninho
Porque deixai-o p'ra viver no sul?!...
Embora digas — essa terra fria
Merece amores, é irmã da minha —
Quem dar-te pode este calor do ninho,
A luz suave que o teu berço tinha?!
Eu — Guanabara — no meu longo espelho
Reflito as nuvens deste céu azul;
— Ó minha filha! Acalentei-te o sono,
Porque me deixas p'ra viver no sul?!...
Lá, quando a terra s'embuçar nas sombras
E o sol medroso s'esconder nas águas,
Teu pensamento, como o sol que morre,
Há de cismando mergulhar-se em mágoas!
Mas se forçoso t'é deixar a pátria
Pelas friezas dos vergéis do sul,
Ó minha filha! não t'esqueças nunca
Destas montanhas, deste céu azul.
Tupã bondoso te derrame graças,
Doce ventura te bafeje e siga,
E nos meus braços — ao voltar do exílio —
Saudando o berço que teu lábio diga:
"Volvo contente para o pátrio ninho,
"Deixei sorrindo esses vergéis do sul;
"Tinha saudades deste sol de fogo...
"Não deixo mais este meu céu azul!...

XIV - SETE DE SETEMBRO

Rio — 1858

A D.PEDRO II

I

Foi um dia de glória! — O povo altivo
Trocou sorrindo as vozes de cativo
Pelo cantar das festas!
O leão indomável do deserto
Bramiu soberbo, dos grilhões liberto,
No meio das florestas!
Lá no Ipiranga do Brasil o Marte
Enrolado nas dobras do estandarte
Erguia o augusto porte;
Cercada a fronte dos lauréis da glória
Soltou tremendo brado da vitória:
— Independência ou morte!
O santo amor dos corações ardentes
Achou eco no peito dos valentes
No campo e na cidade;
E nos salões — do pescador nos lares,
Livres soaram hinos populares
À voz da liberdade!

II

Anos correram; — no torrão fecundo
Ao sol de fogo deste novo-mundo
A semente brotou;
E franca e leda, a geração nascente
À copa altiva da árvore frondente
Segura se abrigou!
A roda da bandeira sacrossanta
Um povo esperançoso se levanta
Infante e a sorrir!

A nação do letargo se desperta,
E — livre — marcha pela estrada aberta
Às glórias do porvir!
O país, n'alegria todo imerso,
Velava atento à roda só dum berço.
Era o vosso, Senhor!
Vós do tronco feliz doce renovo,
Vede agora, Senhor, na voz do povo
Quão grande é seu amor!

XV - CÂNTICOS

Indaiassú — 1857

POESIA E AMOR

A tarde que expira,
A flor que suspira,
O canto da lira,
Da lua o clarão;
Dos mares na raia
A luz que desmaia,
E as ondas na praia
Lambendo-lhe o chão;
Da noite a harmonia
Melhor que a do dia,
E a viva ardentia
Das águas do mar;
A virgem incauta,
As vozes da flauta,
E o canto do nauta
Chorando o seu lar;
Os trêmulos lumes,
Da fonte os queixumes,
E os meigos perfumes
Que solta o vergel;
As noites brilhantes,

E os doces instantes
Dos noivos amantes
Na lua de mel;
Do templo nas naves
As notas suaves,
E o trino das aves
Saudando o arrebol;
As tardes estivas,
E as rosas lascivas
Erguendo-se altivas
Aos raios do sol;
A gota de orvalho
Tremendo no galho
Do velho carvalho,
Nas folhas do ingá;
O bater do seio,
Dos bosques no meio
O doce gorjeio
Dalgum sabiá;
A órfã que chora,
A flor que se cora
Aos raios da aurora,
No albor da manhã;
Os sonhos eternos,
Os gozos mais ternos,
Os beijos maternos
E as vozes de irmã;
O sino da torre
Carpindo quem morre,
E o rio que corre
Banhando o chorão;
O triste que vela
Cantando à donzela
A trova singela
Do seu coração;
A luz da alvorada,
E a nuvem dourada

Qual berço de fada
Num céu todo azul;
No lago e nos brejos
Os férvidos beijos
E os loucos bafejos
Das brisas do sul;
Toda essa ternura
Que a rica natura
Soletra e murmura
Nos hálitos seus,
Da terra os encantos,
Das noites os prantos,
São hinos, são cantos
Que sobem a Deus!
Os trêmulos lumes,
Da veiga os perfumes,
Da fonte os queixumes,
Dos prados a flor,
Do mar a ardentia
Da noite a harmonia,
Tudo isso é — poesia!
Tudo isso é — amor!

XVI - ORAÇÕES

A***

A alma, como o incenso, ao céu s'eleva
Da férvida oração nas asas puras,
E Deus recebe como um longo hosana
O cântico de amor das criaturas.
Do trono d'ouro que circundam anjos
Sorrindo ao mundo a Virgem-Mãe s'inclina
Ouvindo as vozes d'inocência bela
Dos lábios virginais duma menina.
Da tarde morta o murmurar se cala

Ante a prece infantil, que sobe e voa
Fresca e serena qual perfume doce
Das frescas rosas de gentil coroa.
As doces falas de tua alma santa
Valem mais do que eu valho oh! querubim!
Quando rezares por teu mano
Não t'esqueças também — reza por mim!

XVII - BÁLSAMO

Rio — 1858

Eu vi-a lacrimosa sobre as pedras
Rojar-se essa mulher que a dor ferira!
A morte lhe roubara dum só golpe
Marido e filho, encaneceu-lhe a fronte,
E deixou-a sozinha e desgrenhada
— Estátua da aflição aos pés dum túmulo! —
O esquálido coveiro p'ra dois corpos
Ergueu a mesma enxada, e nessa noite
A mesma cova os teve!
                                        E a mãe chorava,
E mais alto que o choro erguia as vozes!
No entanto o sacerdote — fronte branca
Pelo gelo dos anos — a seu lado
Tentava consolá-la
                                        A mãe aflita
Sublime desse belo desespero
As vozes não lhe ouvia; a dor suprema
Toldava-lhe a razão no duro trance.
"Oh! padre! — disse a pobre s'estorcendo
Co'a voz cortada dos soluços d'alma —
"Onde o bálsamo, as falas d'esperança,
"O alívio à minha dor?!"
                                        Grave e solene,
O padre não falou — mostrou-lhe o céu!

XVIII - DEUS!

Dezembro — 1858

Eu me lembro! eu me lembro! — Era pequeno
E brincava na praia; o mar bramia
E erguendo o dorso altivo, sacudia
A branca escuma para o céu sereno
E eu disse a minha mãe nesse momento:
“Que dura orquestra! Que furor insano!
“Que pode haver maior que o oceano,
“Ou que seja mais forte do que o vento?!” —
Minha mãe a sorrir olhou p’r’os céus
E respondeu: — Um Ser que nós não vemos
“É maior do que o mar que nós tememos,
“Mais forte que o tufão! Meu filho, é — Deus!” —

LIVRO SEGUNDO

La chanson la plus charmante
Est la chanson des amours!
V. Hugo

XIX - PRIMAVERAS

1º julho — 1858

Primavera! juventud Del anno,
Mocidad! primavera della vita.
Metastasio

I

A primavera é a estação dos risos,
Deus fita o mundo com celeste afago,
Tremem as folhas e palpita o lago
Da brisa louca aos amorosos frisos.
Na primavera tudo é viço e gala,
Trinam as aves a canção de amores.
E doce e bela no tapiz das flores
Melhor perfume a violeta exala.
Na primavera tudo é riso e festa,
Brotam aromas do vergel florido,
E o ramo verde de manhã colhido
Enfeita a fronte da aldeã modesta.
A natureza se desperta rindo,
Um hino imenso a criação modula,
Canta a calhandra, a juriti arrula,
O mar é calmo porque o céu é lindo.
Alegre e verde se balança o galho,
Suspira a fonte na linguagem meiga,
Murmura a brisa: — Como é linda a veiga!
Responde a rosa: — Como é doce o orvalho!

II

Mas como às vezes sobre o céu sereno
Corre uma nuvem que a tormenta guia,
Também a lira alguma vez sombria
Solta gemendo de amargura um treno.
São flores murchas; — o jasmim fenece,
Mas bafejado s'erguerá de novo
Bem como o galho do gentil renovo
Durante a noite, quando o orvalho desce.

Se um canto amargo de ironia cheio
Treme nos lábios do cantor mancebo,
Em breve a virgem do seu casto enlevo
Dá-lhe um sorriso e lhe intumesce o seio
Na primavera — na manhã da vida —
Deus às tristezas o sorriso enlaça,
E a tempestade se dissipa e passa
À voz mimosa da mulher querida.
Na mocidade, na estação fogosa,
Ama-se a vida — a mocidade é crença,
E a alma virgem nesta festa imensa
Canta, palpita, s'extasia e goza.

XX - CENA ÍNTIMA

Como estás hoje zangada
E como olhas despeitada
            Só p'ra mim!
— Ora diz-me: esses queixumes,
Esses injustos ciúmes
            Não têm fim?
Que pequei eu bem conheço,
Mas castigo não mereço
            Por pecar;
Pois tu queres chamar crime
Render-me à chama sublime
            Dum olhar!
Por ventura te esqueceste
Quando de amor me perdeste
            Num sorrir?
Agora em cólera imensa
Já queres dar a sentença
            Sem me ouvir!
E depois, se eu te repito
Que nesse instante maldito
            — Sem querer —

Arrastado por magia
Mil torrentes de poesia
Fui beber!
Eram uns olhos escuros
Muito belos, muito puros,
Como os teus!
Uns olhos assim tão lindos
Mostrando gozos infindos,
Só dos céus!
Quando os vi fulgindo tanto
Senti no peito um encanto
Que não sei!
Juro falar-te a verdade...
Foi decerto — sem vontade —
Que eu pequei!
Mas hoje, minha querida,
Eu dera até esta vida
P'ra poupar
Essas lágrimas queixosas,
Que as tuas faces mimosas
Vêm molhar!
Sabe ainda ser clemente,
Perdoa um erro inocente
Minha flor!
Seja grande embora o crime
O perdão sempre é sublime
Meu amor!
Mas se queres com maldade
Castigar quem — sem vontade —
Só pecou;
Olha, linda, eu não me queixo,
A teus pés cair me deixo...
Aqui 'stou!
Mas se me deste, formosa,
De amor na taça mimosa
Doce mel;

Ai! deixa que peça agora
Esses extremos d'outrora
O infiel:
Prende-me... nesses teus braços
Em doces, longos abraços
Com paixão;
Ordena com gesto altivo...
Que te beije este cativo
Essa mão!
Mata-me sim... de ventura,
Com mil beijos de ternura
Sem ter dó,
Que eu prometo, anjo querido,
Não desprender um gemido,
Nem um só!

XXI - JURAMENTO

Rio — 1857

Tu dizes oh Mariquinhas
Que não crês nas juras minhas,
Que nunca cumpridas são!
Mas se eu não te jurei nada,
Como hás de tu, estouvada,
Saber se eu as cumpro ou não?!
Tu dizes que eu sempre minto,
Que protesto o que não sinto,
Que todo o poeta é vário,
Que é borboleta inconstante;
Mas agora, neste instante,
Eu vou provar-te o contrário.
Vem cá, sentada a meu lado
Com esse rosto adorado
Brilhante de sentimento,
Ao colo o braço cingido,
Olhar no meu embebido,

Escuta o meu juramento.
Espera: — inclina essa fronte...
Assim!... — Pareces no monte
Alvo lírio debruçado!
— Agora, se em mim te fias,
Fica séria, não te rias,
O juramento é sagrado.
"— Eu juro sobre estas tranças,
"E pelas chamas que lanças
"Desses teus olhos divinos;
"Eu juro, minha inocente,
"Embalar-te docemente
"Ao som dos mais ternos hinos!
"Pelas ondas, pelas flores,
"Que se estremecem de amores
"Da brisa ao sopro lascivo;
"Eu juro, por minha vida,
"Deitar-me a teus pés, querida,
"Humilde como um cativo!
"Pelos lírios, pelas rosas,
"Pelas estrelas formosas,
"Pelo sol que brilha agora,
"— Eu juro dar-te, Maria,
"Quarenta beijos por dia
"E dez abraços por hora!"
O juramento está feito,
Foi dito co'a mão no peito
Apontando ao coração;
E agora — por vida minha,
Tu verás oh! moreninha,
Tu verás se o cumpro ou não!...

XXII - PERFUMES E AMOR

Junho — 1858

NA PRIMEIRA FOLHA DUM ÁLBUM

A flor mimosa que abrilhanta o prado
Ao sol nascente vai pedir fulgor;
E o sol, abrindo da açucena as folhas,
Dá-lhe perfumes — e não nega amor.
Eu que não tenho, como o sol, seus raios,
Embora sinta nesta fronte ardor,
Sempre quisera ao encetar teu álbum
Dar-lhe perfumes — desejar-lhe amor.
Meu Deus! nas folhas deste livro puro
Não manche o pranto da inocência o alvor,
Mas cada canto que cair dos lábios
Traga perfumes — e murmure amor.
Aqui se junte, qual num ramo santo,
Do nardo o aroma e da camélia a cor,
E possa a virgem, percorrendo as folhas,
Sorver perfumes — respirar amor.
Encontre a bela, caprichosa sempre,
Nos ternos hinos d'infantil frescor
Entrelaçados na grinalda amiga
Doces perfumes — e celeste amor.
Talvez que diga, recordando tarde
O doce anelo do feliz cantor:
— "Meu Deus! nas folhas do meu livro d'alma
Sobram perfumes — e não falta amor!"

XXIII - SEGREDOS

Rio — 1857

Eu tenho uns amores — quem é que os não tinha
Nos tempos antigos? — Amar não faz mal;
As almas que sentem paixão como a minha
Que digam, que falem em regra geral.

— A flor dos meus sonhos é moça e bonita
Qual flor entreaberta do dia ao raiar,
Mas onde ela mora, que casa ela habita,
Não quero, não posso, não devo contar!
Seu rosto é formoso, seu talhe elegante,
Seus lábios de rosa, a fala é de mel,
As tranças compridas, qual livre bacante,
O pé de criança, cintura de anel;
— Os olhos rasgados são cor das safiras
Serenos e puros, azuis como o mar;
Se falam sinceros, se pregam mentiras,
Não quero, não posso, não devo contar!
Oh! ontem no baile com ela valsando
Senti as delícias dos anjos do céu!
Na dança ligeira qual silfo voando
Caiu-lhe do rosto seu cândido véu!
— Que noite e que baile! — Seu hálito virgem
Queimava-me as faces no louco valsar,
As falas sentidas que os olhos falavam
Não posso, não quero, não devo contar!
Depois indolente firmou-se em meu braço,
Fugimos das salas, do mundo talvez!
Inda era mais bela rendida ao cansaço
Morrendo de amores em tal languidez!
— Que noite e que festa! e que lânguido rosto
Banhado ao reflexo do branco luar!
A neve do colo e as ondas dos seios
Não quero, não posso, não devo contar!
A noite é sublime! — Tem longos queixumes,
Mistérios profundos que eu mesmo não sei:
Do mar os gemidos, do prado os perfumes,
De amor me mataram, de amor suspirei!
— Agora eu vos juro... Palavra! — não minto
Ouvi-a formosa também suspirar;
Os doces suspiros que os ecos ouviram
Não quero, não posso, não devo contar!
Então nesse instante nas águas do rio

Passava uma barca, e o bom remador
Cantava na flauta: — "Nas noites d'estio
O céu tem estrelas, o mar tem amor!" —
— E a voz maviosa do bom gondoleiro
Repete cantando: — "viver é amar!" —
Se os peitos respondem à voz do barqueiro...
Não quero, não posso, não devo contar!
Trememos de medo... a boca emudece
Mas sentem-se os pulos do meu coração!
Seu seio nevado de amor se intumesce...
E os lábios se tocam no ardor da paixão!
— Depois... mas já vejo que vós, meus senhores,
Com fina malícia quereis me enganar.
Aqui faço ponto; — segredos de amores
Não quero, não posso, não devo contar!

XXIV - CLARA

Não sabes, Clara, que pena
Eu teria se — morena
Tu fosses em vez de clara!
Talvez... Quem sabe?... não digo...
Mas refletindo comigo
Talvez nem tanto te amara!
A tua cor é mimosa,
Brilha mais da face a rosa,
Tem mais graça a boca breve.
O teu sorriso é delírio...
És alva da cor do lírio,
És clara da cor da neve!
A morena é predileta,
Mas a clara é do poeta:
Assim se pintam arcanjos.
Qualquer, encantos encerra,
Mas a morena é da terra
Enquanto a clara é dos anjos!

Mulher morena é ardente:
Prende o amante demente
Nos fios do seu cabelo;
— A clara é sempre mais fria,
Mas dá-me licença um dia
Que eu vou arder no teu gelo!
A cor morena é bonita,
Mas nada, nada te imita
Nem mesmo sequer de leve.
— O teu sorriso é delírio...
És alva da cor do lírio,
És clara da cor da neve!

XXV - A VALSA

Rio — 1858

A M.***

Tu, ontem,
Na dança
Que cansa,
Voavas
Co'as faces
Em rosas
Formosas
De vivo,
Lascivo
Carmim;
Na valsa
Tão falsa,
Corrias,
Fugias,
Ardente,
Contente,
Tranquila,
Serena,
Sem pena

De mim!
Quem dera
Que sintas
As dores
De amores
Que louco
Senti!
Quem dera
Que sintas!
— Não negues
Não mintas...
— Eu vi!...

Valsavas:
— Teus belos
Cabelos,
Já soltos,
Revoltos,
Saltavam,
Voavam,
Brincavam
No colo
Que é meu;
E os olhos
Escuros
Tão puros,
Os olhos
Perjuros
Volvias,
Tremias,
Sorrias
P'ra outro
Não eu!
Quem dera
Que sintas
As dores
De amores

Que louco
Senti!
Quem dera
Que sintas!...
— Não negues,
Não mintas...
— Eu vi!...
Meu Deus!
Eras bela
Donzela,
Valsando,
Sorrindo,
Fugindo,
Qual silfo
Risonho
Que em sonho
Nos vem!
Mas esse
Sorriso
Tão liso
Que tinhas
Nos lábios
De rosa,
Formosa,
Tu davas,
Mandavas
A quem?!
Quem dera
Que sintas
As dores
De amores
Que louco
Senti!
Quem dera
Que sintas!...
— Não negues,
Não mintas...

— Eu vi!...
Calado,
Sozinho,
Mesquinho,
Em zelos
Ardendo,
Eu vi-te
Correndo
Tão falsa
Na valsa
Veloz!
Eu triste
Vi tudo!
Mas mudo
Não tive
Nas galas
Das salas,
Nem falas,
Nem cantos,
Nem prantos
Nem voz!
Quem dera
Que sintas
As dores
De amores
Que louco
Senti!
Quem dera
Que sintas!
— Não negues,
Não mintas...
— Eu vi!...
Na valsa
Cansaste;
Ficaste
Prostrada,
Turbada!

Pensavas,
Cismavas,
E estavas
Tão pálida
Então;
Qual pálida
Rosa
Mimosa,
No vale
Do vento
Cruento
Batida,
Caída
Sem vida
No chão!
Quem dera
Que sintas
As dores
De amores
Que louco
Senti!
Quem dera
Que sintas!...
— Não negues,
Não mintas...
— Eu vi!...

XXVI - BORBOLETA

Rio — 1858

Borboleta dos amores,
Como a outra sobre as flores,
Porque és volúvel assim?
Porque deixas, caprichosa,
Porque deixas tu a rosa
E vais beijar o jasmim?

Pois essa alma é tão sedenta
Que um só amor não contenta
E louca quer variar?
Se já tens amores belos,
P'ra que vais dar teus desvelos
Aos goivos da beira-mar?
Não sabes que a flor traída
Na débil haste pendida
Em breve murcha será?
Que de ciúmes fenece
E nunca mais estremece
Aos beijos que a brisa dá?...
Borboleta dos amores,
Como a outra sobre as flores,
Porque és volúvel assim?
Porque deixas, caprichosa,
Porque deixas tu a rosa
E vais beijar o jasmim?!
Tu vês a flor da campina,
E bela e terna e divina,
Tu dás-lhe o que essa alma tem;
Depois, passado o delírio,
Esqueces o pobre lírio
Em troca duma cecém!
Mas tu não sabes, louquinha,
Que a flor que pobre definha
Merece mais compaixão?
Que a desgraçada precisa,
Como do sopro da brisa,
Os ais do teu coração?
Borboleta dos amores,
Como a outra sobre as flores,
Porque és volúvel assim?
Porque deixas, caprichosa,
Porque deixas tu a rosa
E vais beijar o jasmim?
Se a borboleta dourada

Esquece a rosa encarnada
Em troca duma outra flor;
Ela — a triste, molemente
Pendida sobre a corrente,
Falece à míngua d'amor.
Tu também minha inconstante
Tens tido mais dum amante
E nunca amaste a um só!
Eles morrem de saudade,
Mas tu na variedade
Vais vivendo e não tens dó!
Ai! és muito caprichosa!
Sem pena deixas a rosa
E vais beijar outras flores;
Esqueces os que te amam...
Por isso todos te chamam:
— Borboleta dos amores!

XXVII - QUANDO TU CHORAS

Rio — 1858

Quando tu choras, meu amor, teu rosto
Brilha formoso com mais doce encanto,
E as leves sombras de infantil desgosto
Tornam mais belo o cristalino pranto.
Oh! nessa idade da paixão lasciva
Como o prazer, é o chorar preciso:
Mas breve passa — qual a chuva estiva —
E quase ao pranto se mistura o riso.
É doce o pranto de gentil donzela,
É sempre belo quando a virgem chora:
— Semelha a rosa pudibunda e bela
Toda banhada do orvalhar da aurora.
Da noite o pranto, que tão pouco dura,
Brilha nas folhas como um rir celeste,
E a mesma gota transparente e pura
Treme na relva que a campina veste.

Depois o sol, como sultão brilhante,
De luz inunda o seu gentil serralho,
E às flores todas — tão feliz amante —
Cioso sorve o matutino orvalho.
Assim, se choras, inda és mais formosa,
Brilha teu rosto com mais doce encanto:
— Serei o sol e tu serás a rosa...
Chora, meu anjo, — beberei teu pranto!

XXVIII - CANTO DE AMOR

Rio — 1858

I

Eu vi-a e minha alma antes de vê-la
Sonhara-a linda como agora a vi;
Nos puros olhos e na face bela,
Dos meus sonhos a virgem conheci.
Era a mesma expressão, o mesmo rosto,
Os mesmos olhos só nadando em luz,
E uns doces longes, como dum desgosto.
Toldando a fronte que de amor seduz!
E seu talhe era o mesmo, esbelto, airoso
Como a palmeira que se ergue ao ar,
Como a tulipa ao pôr-do-sol saudoso,
Mole vergando à viração do mar.
Era a mesma visão que eu dantes via,
Quando a minha alma transbordava em fé;
E nesta eu creio como na outra eu cria,
Porque é a mesma visão, bem sei que é!
No silêncio da noite a virgem vinha
Soltas as tranças junto a mim dormir;
E era bela, meu Deus, assim sozinha
No seu sono d'infante inda a sorrir!...

II

Vi-a e não vi-a! Foi num só segundo,
Tal como a brisa ao perpassar na flor,
Mas nesse instante resumi um mundo
De sonhos de ouro e de encantado amor.
O seu olhar não me cobriu d'afago,
E minha imagem nem sequer guardou,
Qual se reflete sobre a flor dum lago
A branca nuvem que no céu passou.
A sua vista espairecendo vaga,
Quase indolente, não me viu, ai, não!
Mas eu que sinto tão profunda a chaga
Ainda a vejo como a vi então.
Que rosto d'anjo, qual estátua antiga
No altar erguida, já cabido o véu!
Que olhar de fogo, que a paixão instiga?
Que níveo colo prometendo um céu.
Vi-a e amei-a, que a minha alma ardente
Em longos sonhos a sonhara assim;
O ideal sublime, que eu criei na mente,
Que em vão buscava e que encontrei por fim!

III

P'ra ti, formosa, o meu sonhar de louco
E o dom fatal, que desde o berço é meu;
Mas se os cantos da lira achares pouco,
Pede-me a vida, porque tudo é teu.
Se queres culto — como um crente adoro,
Se preito queres — eu te caio aos pés,
Se rires — rio, se chorares — choro,
E bebo o pranto que banhar-te a tez.
Dá-me em teus lábios um sorrir fagueiro,
E desses olhos um volver, um só;
E verás que meu estro, hoje rasteiro,
Cantando amores s'erguerá do pó!
Vem reclinar-te, como a flor pendida,
Sobre este peito cuja voz calei:

Pede-me um beijo... e tu terás, querida,
Toda a paixão que para ti guardei.
Do morto peito vem turbar a calma,
Virgem, terás o que ninguém te dá;
Em delírios d'amor dou-te a minha alma,
Na terra, a vida, a eternidade — lá!

IV

Se tu, oh linda, em chama igual te abrasas,
Oh! não me tardes, não me tardes, — vem!
Da fantasia nas douradas asas
Nós viveremos noutro mundo — além!
De belos sonhos nosso amor povoo,
Vida bebendo nos olhares teus;
E como a garça que levanta o voo,
Minha alma em hinos falará com Deus!
Juntas, unidas num estreito abraço,
As nossas almas uma só serão;
E a fronte enferma sobre o teu regaço
Criará poemas d'imortal paixão!
Oh! vem, formosa, meu amor é santo,
É grande e belo como é grande o mar,
E doce e triste como d'harpa um canto
Na corda extrema que já vai quebrar!
Oh! vem depressa, minha vida foge...
Sou como o lírio que já murcho cai!
Ampara o lírio que inda é tempo hoje!
Orvalha o lírio que morrendo vai!...

XXIX - VIOLETA

4 de abril

Sempre teu lábio severo
Me chama de borboleta!
— Se eu deixo as rosas do prado
É só por ti — violeta!
Tu és formosa e modesta,

As outras são tão vaidosas!
Embora vivas na sombra
Amo-te mais do que às rosas.
A borboleta travessa
Vive de sol e de flores.
— Eu quero o sol de teus olhos,
O néctar dos teus amores!
Cativo de teu perfume
Não mais serei borboleta;
— Deixa eu dormir no teu seio,
Dá-me o teu mel — violeta!

XXX - O QUE?

Rio — 1858

Em que cismas, poeta? Que saudades
Te adormecem na mágica fragrância
Das rosas do passado já pendidas?
Nos sonhos d'alma que te lembra?
                    — A infância!
Que sombra, que fantasma vem banhado
No doce eflúvio dessa quadra linda?
E a mente a folhear os dias idos
Que nome te recorda agora?
                    — Arinda!
Mas se passa essa quadra, fugitiva,
Qual no horizonte solitária vela,
Por que cismar na vida e no passado?
E de quem são essas saudades?
                    — Dela!
E se a virgem viesse agora mesmo
Surgindo bela qual visão de amores,
Tu, p'ra saudá-la bem do imo d'alma
Diz-me, poeta — o que escolhias?
                    — Flores.

E se ela, farta dos aromas doces
Que tem achado nos jardins divinos,
Tão caprichosa machucasse as rosas...
Diz-me, meu louco, o que mais tinhas?
— Hinos!
E se, teimosa, rejeitando a lira,
A fronte virgem para ti pendida,
Dum beijo a paga te pedisse altiva...
O que lhe davas, meu poeta?
— A vida!

XXXI - SONHOS DE VIRGEM

Rio — 1858

A M.***

I

Que sonhas, virgem, nos sonhos
Que à mente te vem risonhos
Na primavera inda em flor?
No celeste devaneio,
No doce bater do seio,
Que sonhas virgem? — amor?
Que céus, que jardins, que flores,
Que longos cantos de amores
Nos lindos sonhos te vem?
E quando a mente delira,
E quando o peito suspira,
Suspira o peito — por quem?
Sonhando mesmo acordada,
Pendida a fronte adorada
Num cismar vago e sem fim;
Do olhar o fogo tão vivo,
A voz, o riso lascivo,
O pensamento é — por mim?!

II

Quando tu dormes tranquila,
Cerrada a negra pupila
E o lábio doce a sorrir;
Então o sonho dourado
Nas dobras do cortinado
Vem esmaltar teu dormir!
Oh! sonha! — Feliz a idade
Das rosas da virgindade,
Dos sonhos do coração!
— Puro vergel de açucenas
Ou lago d'águas serenas
Que estremece à viração!
Feliz! Feliz quem pudera
Colher-te na primavera
De galas rica e louçã!
Feliz oh! flor dos amores,
Quem te beber os odores
Nos orvalhos da manhã!

XXXII - ASSIM!

Rio — 1858

A M.***

Viste o lírio da campina?
Lá s'inclina
E murcho no hastil pendeu!
— Viste o lírio da campina?
Pois, divina,
Como o lírio assim sou eu!
Nunca ouviste a voz da flauta,
A dor do nauta
Suspirando no alto mar?
— Nunca ouviste a voz da flauta?
Como o nauta

É tão triste o meu cantar!
Não viste a rola sem ninho
No caminho
Gemendo, se a noite vem?
— Não viste a rola sem ninho?
Pois, anjinho,
Assim eu gemo, também!
Não viste a barca perdida,
Sacudida
Nas asas dalgum tufão?
— Não viste a barca fendida?
Pois querida
Assim vai meu coração!

XXXII - QUANDO?!...

Rio — 1858

Não era belo, Maria,
Aquele tempo de amores,
Quando o mundo nos sorria,
Quando a terra era só flores
Da vida na primavera?
— Era!
Não tinha o prado mais rosas,
O sabiá mais gorjeios,
O céu mais nuvens formosas,
E mais puros devaneios
A tua alma inocentinha?
— Tinha!
E como achavas, Maria,
Aqueles doces instantes
De poética harmonia
Em que as brisas doudejantes
Folgavam nos teus cabelos?
— Belos!

Como tremias oh! vida,
Se em mim os olhos fitavas!
Como eras linda, querida,
Quando d'amor suspiravas
Naquela encantada aurora!
                    — Ora!
E diz-me: não te recordas
— Debaixo do cajueiro —
Lá da lagoa nas bordas
Aquele beijo primeiro?
Ia o dia já findando...
                    — Quando?!...

XXXIV - SEMPRE SONHOS!...

.... — 1858

Se eu tivesse, meu Deus, santos amores,
Eu m'erguera cantando essa paixão,
E atirara p'ra longe — sem saudade —
Este véu que me cobre a mocidade
        De tanta escuridão!
Eu que sou como o cardo do rochedo
Quase morto dos ventos ao rigor,
Encontrara de novo a minha vida,
O sol da primavera e a luz perdida,
        Nos braços desse amor!
Minha fronte, que pende sofredora
Acharia, meu Deus, inspirações,
E o fogo que queimou Gilbert e Dante
Correria mais puro e mais constante
        Na lira das canções!
No mundo tão gentil dos devaneios
Minh'alma mais feliz saudara a luz,
E apagara, Senhor, num beijo puro
A dor imensa da perda do futuro
Que à morte me conduz.

Por ela eu deixaria a voz das turbas
E esta ânsia infeliz de gloria vã;
Na vida que nos corre tão sombria
Eu seria, meu Deus, seu doce guia,
E ela — minha irmã!
Eu velara, Senhor, pelos seus dias,
Como a mãe vela o filho que dormiu:
Se um dia ela soltasse um só gemido,
Eu iria saber porque ferido
Seu seio assim buliu!
Como à sombra das árvores da pátria
S'embala a doce filha dos tupis,
A sombra da ventura e da esperança
Embalara, meu Deus, essa criança
Nos cantos juvenis!
Como o nauta olha o céu de primavera,
Eu, sentado a seus pés, ébrio de amor,
Espreitara tremendo no seu rosto
A sombra fugitiva dum desgosto,
À nuvem duma dor!
Eu lhe iria mostrar nos hinos d'alma
Outro mundo, outro céu, outros vergéis;
Nossa vida seria um doce afago,
Nós — dois cisnes vogando em manso lago,
— Amor — nossos batéis!
Se eu tivesse, meu Deus, santos amores,
Eu deixara este amor da glória vã;
Nesse mundo de luz, doce e risonho,
A pudibunda virgem do meu sonho
Seria minha irmã!

XXXV - O QUE É - SIMPATIA

Indaiassú — 1857

A UMA MENINA

Simpatia — é o sentimento
Que nasce num só momento
Sincero, no coração;
São dois olhares acesos
Bem juntos, unidos, presos
Numa mágica atração.
Simpatia — são dois galhos
Banhados de bons orvalhos
Nas mangueiras do jardim;
Bem longo às vezes nascidos,
Mas que se juntam crescidos
E que se abraçam por fim.
São duas almas bem gêmeas
Que riem no mesmo riso,
Que choram nos mesmos ais;
São vozes de dois amantes,
Duas liras semelhantes,
Ou dois poemas iguais.
Simpatia — meu anjinho,
É o canto do passarinho,
É o doce aroma da flor;
São nuvens dum céu d'Agosto,
É o que m'inspira teu rosto...
— Simpatia — é — quase amor!

XXXVI - PALAVRAS NO MAR

Avon — 1857

Se eu fosse amado!...
Se um rosto virgem
Doce vertigem
Me desse n'alma
Turbando a calma
Que me enlanguece!...
Oh! se eu pudesse
Hoje — sequer —
Fartar desejos
Nos longos beijos
Duma mulher!...
Se o peito morto
Doce conforto
Sentisse agora
Na sua dor;
Talvez nest'hora
Viver quisera
Na primavera
De casto amor!
Então minh'alma,
Turbada a calma,
— Harpa vibrada
Por mão de fada —
Como a calhandra
Saúda o dia,
Em meigos cantos
Se exalaria
Na melodia
Dos sonhos meus;
E louca e terna
Nessa vertigem
Amara a virgem
Cantando a Deus!

XXXVII - PEPITA

Rio — 1858

A toi! toujours a toi!
V. Hugo.

Minh'alma é mundo virge' — ilha perdida —
Em lagos de cristais;
Vem, Pepita, — Colombo dos amores, —
Vem descobri-lo, no país das flores
Sultana reinarás!
Eu serei teu vassalo e teu cativo
Nas terras onde és rei
A sombra dos bambus vem tu ser minha
Teu reinado de amor, doce rainha,
Na lira cantarei.
Minh'alma é como o pombo inda sem penas
Sozinho a pipilar;
— Vem tu, Pepita, visitá-lo ao ninho;
As asas a bater, o passarinho
Contigo irá voar.
Minh'alma é como a rocha toda estéril
Nos plainos do Sarah;
Vem tu — fada de amor — dar-lhe co'a vara...
— Qual do penedo que Moisés tocara
O jorro saltará.
Minh'alma é um livro lindo, encadernado,
Co'as folhas em cetim;
— Vem tu, Pepita, soletrá-lo um dia...
Tem poemas de amor, tem melodia
Minh'alma é o batel prendido à margem
Sem leme, em ócio vil
Em cânticos sem fim!
— Vem soltá-lo, Pepita, e correremos
— Soltas as velas — desprezando remos,
Que o mar é todo anil.

Minh'alma é um jardim oculto em sombras
Co'as flores em botão;
— Vem ser da primavera o sopro louco,
Vem tu, Pepita, bafejar-me um pouco
Que as rosas abrirão.
O mundo em que eu habito tem mais sonhos,
A vida mais prazer;
— Vem, Pepita, das tardes no remanso,
Da rede dos amores no balanço
Comigo adormecer.
Oh! vem! eu sou a flor aberta à noite
Pendida no arrebol!
Dá-me um carinho dessa voz lasciva,
E a flor pendida s'erguerá mais viva
Aos raios desse sol!
Bem vês, sou como a planta que definha
Torrada do calor.
— Dá-me o riso feliz em vez da mágoa...
O lírio morto quer a gota d'água,
— Eu quero o teu amor!

XXXVIII - VISÃO

Setembro — 1858

Uma noite, meu Deus, que noite aquela!
Por entre as galas, no fervor da dança,
Vi passar, qual num sonho vaporoso,
O rosto virginal duma criança.
Sorri-me — era o sonho de minh'alma
Esse riso infantil que o lábio tinha:
— Talvez que essa alma dos amores puros
Pudesse um dia conversar co'a minha!
Eu olhei, ela olhou... doce mistério!
Minh'alma despertou-se à luz da vida,
E as vozes duma lira e dum piano
Juntas se uniram na canção querida.

Depois eu indolente descuidei-me
Da planta nova dos gentis amores,
E a criança, correndo pela vida,
Foi colher nos jardins mais lindas flores.
Não voltou; — talvez ela adormecesse
Junto à fonte, deitada na verdura,
E — sonhando — a criança se recorde
Do moço que ela viu e que a procura!
Corri pelas campinas noite e dia
Atrás do berço d'ouro dessa fada;
Rasguei-me nos espinhos do caminho...
Cansei-me a procurar e não vi nada!
Agora como um louco eu fito as turbas
Sempre a ver se descubro a face linda...
— Os outros a sorrir passam cantando,
Só eu a suspirar procuro ainda!...
Onde foste, visão dos meus amores!
Minh'alma sem te ver louca suspira!
— Nunca mais unirás, sombra encantada,
O som do teu piano à voz da lira?!...

XXXIX - QUEIXUMES

Junho — 1858

Olho e vejo... tudo é gala,
Tudo canta e tudo fala,
Só minh'alma
Não se acalma,
Muda e triste não se ri!
Minha mente já delira,
E meu peito só suspira
Por ti! Por ti!
Ai! quem me dera essa vida
Tão bela e doce vivida
Nos meus lares
Sem pesares

No sossego só dali!
Não tinha-te visto as tranças,
Nem rasgado as esperanças
        Por ti! Por ti!
        Perdi as flores da idade,
E na flor da mocidade
        É meu canto
        — Todo pranto —
Qual a voz da juriti!
No teu sorriso embebido
Deixei meu sonho querido
        Por ti! Por ti!
Ai! se eu pudesse, formosa,
Roçar-te os lábios de rosa
        Como às flores
        — Seus amores —
Faz o louco colibri;
Esta minh'alma nos hinos
Erguera cantos divinos
        Por ti! Por ti!
Ai! assim viver não posso!
Morrerei, meu Deus, bem moço,
        — Qual n'aurora
        Que descora,
Desfolhado bogari;
Mas lá da campa na beira
Será a voz derradeira
        Por ti! Por ti!
Ai! não m'esqueças já morto!
À minh'alma dá conforto,
        Diz na lousa:
        — "Ele repousa,
"Coitado! descansa aqui!" —
Ai! não t'esqueças, senhora,
Da flor pendida n'aurora
        Por ti! Por ti!...

XL - AMOR E MEDO

Outubro — 1858

I

Quanto eu te fujo e me desvio cauto
Da luz de fogo que te cerca, oh! bela,
Contigo dizes, suspirando amores:
"— Meu Deus! que gelo, que frieza aquela."
Como te enganas! meu amor é chama
Que se alimenta no voraz segredo,
E se te fujo é que te adoro louco...
És bela — eu moço; tens amor — eu medo!
Tenho medo de mim, de ti, de tudo,
Da luz, da sombra, do silêncio ou vozes,
Das folhas secas, do chorar das fontes,
Das horas longas a correr velozes.
O véu da noite me atormenta em dores,
A luz da aurora me intumesce os seios,
E ao vento fresco do cair das tardes
Eu me estremeço de cruéis receios.
É que esse vento que na várzea — ao longe,
Do colmo o fumo caprichoso ondeia,
Soprando um dia tornaria incêndio
A chama viva que teu riso ateia!
Ai! se abrasado crepitasse o cedro,
Cedendo ao raio que a tormenta envia,
Diz: — que seria da plantinha humilde
Que à sombra dele tão feliz crescia?
A labareda que se enrosca ao tronco
Torrara a planta qual queimara o galho,
E a pobre nunca reviver pudera
Chovesse embora paternal orvalho!

II

Ai! se eu te visse no calor da sesta,
A mão tremente no calor das tuas,
Amarrotado o teu vestido branco,
Soltos cabelos nas espáduas nuas!...
Ai! se eu te visse, Magdalena pura,
Sobre o veludo reclinada a meio,
Olhos cerrados na volúpia doce,
Os braços frouxos — palpitante o seio!...
Ai! se eu te visse em languidez sublime,
Na face as rosas virginais do pejo,
Trêmula a fala a protestar baixinho...
Vermelha a boca, soluçando um beijo!...
Diz: — que seria da pureza d'anjo,
Das vestes alvas, do candor das asas?
— Tu te queimaras, a pisar descalça,
— Criança louca, — sobre um chão de brasas!
No fogo vivo eu me abrasara inteiro!
Ébrio e sedento na fugaz vertigem
Vil, machucara com meu dedo impuro
As pobres flores da grinalda virgem!
Vampiro infame, eu sorveria em beijos
Toda a inocência que teu lábio encerra,
E tu serias no lascivo abraço
Anjo enlodado nos pauis da terra.
Depois... desperta no febril delírio,
— Olhos pisados — como um vão lamento,
Tu perguntaras: — qu'é da minha c'roa?...
Eu te diria: — desfolhou-a o vento!...

Oh! não me chames coração de gelo!
Bem vês: traí-me no fatal segredo.
Se de ti fujo é que te adoro e muito,
És bela — eu moço; tens amor, eu — medo!...

XLI - PERDÃO!

Junho — 1858

I

Choraste?! — E a face mimosa
Perdeu as cores da rosa
E o seio todo tremeu?!
Choraste, pomba adorada?
E a lágrima cristalina
Banhou-te a face divina
E a bela fronte inspirada
Pálida e triste pendeu?!
Choraste?! — E longe não pude
Sorver-te a lágrima pura
Que banhou-te a formosura!
Ouvir-te a voz de alaúde
A lamentar-se sentida!
Humilde cair-te aos pés,
Oferecer-te esta vida
No sacrifício mais santo,
Para poupar esse pranto
Que te rolou sobre a tez!
Choraste?! — De envergonhada,
No teu pudor ofendida,
Porque minh'alma atrevida
No seu palácio de fada,
— No sonhar da fantasia —
Ardeu em loucos desejos,
Ousou cobrir-te de beijos
E quis manchar-te na orgia!

II

Perdão p'r'o pobre demente
Culpado, sim, — inocente —
Que se te amou, foi demais!
Perdão p'ra mim que não pude

Calar a voz do alaúde,
Nem comprimir os meus ais!
Perdão oh! flor dos amores,
Se quis manchar-te os verdores,
Se quis tirar-te do hastil!
— Na voz que a paixão resume
Tentei sorver-te o perfume...
E fui covarde e fui vil!...

III

Eu sei, devera sozinho
Sofrer comigo o tormento
E na dor do pensamento
Devorar essa agonia!
— Devera, sedento algoz,
Em vez de sonhos felizes,
Cortar no peito as raízes
Desse amor, e tão descrido
Dos hinos matar-lhe a voz!
— Devera, pobre fingido,
Tendo n'alma atroz desgosto,
Mostrar sorrisos no rosto,
Em vez de mágoas — prazer,
E mudo e triste e penando,
Como um perdido te amando,
Sentir, calar-me e — morrer!

Não pude! — A mente fervia,
O coração trasbordava,
Interna voz me falava,
E louco ouvindo a harmonia
Que a alma continha em si,
Soltei na febre o meu canto
E do delírio no pranto
Morri de amores — por ti!

IV

Perdão! se fui desvairado
Manchar-te a flor d'inocência
E do meu canto n'ardência
Ferir-te no coração!
— Será enorme o pecado,
Mas tremenda a expiação
Se me deres por sentença
Da tua alma a indiferença,
Do teu lábio a maldição!...

Perdão, senhora!... Perdão!...

XLII - MOCIDADE

Setembro — 1858

Ninon, Ninon, que fais tu de la vie?
L'heure s'enfuit, le jour succede au jour.
Rose ce soir, demain flétrie,
Comment vis-tu, toi qui n'as pas d'amour?!
Musset.

Doce filha da lânguida tristeza
Ergue a fronte pendida — o sol fulgura!
Quando a terra sorri-se e o mar suspira
Por que te banha o rosto essa amargura?!
Por que chorar quando a natura é risos,
Quando no prado a primavera é flores?
— Não foge a rosa quando o sol a busca
Antes se abrasa nos gentis fulgores.
Não! — Viver é amar, é ter um dia
Um amigo, uma mão que nos afague;
Uma voz que nos diga os seus queixumes,
Que as nossas mágoas com amor apague.
A vida é um deserto aborrecido
Sem sombra doce, ou viração calmante;

— Amor — é a fonte que nasceu nas pedras
E mata a sede à caravana errante.
Amai-vos! — disse Deus criando o mundo,
Amemos! — disse Adão no paraíso,
Amor! — murmura o mar nos seus queixumes,
Amor! — repete a terra num sorriso!
Doce filha da lânguida tristeza
Tua alma a suspirar de amor definha...
— Abre os olhos gentis à luz da vida,
Vem ouvir no silêncio a voz da minha!
Amemos! Este mundo é tão tristonho!
A vida, como um sonho — brilha e passa;
Porque não havemos p'ra acalmar as dores
Chegar aos lábios o licor da taça?
O mundo! o mundo! — E que te importa o mundo?
— Velho invejoso, a resmungar baixinho!
Nada perturba a paz serena e doce
Que as rolas gozam no seu casto ninho.
Amemos! — tudo vive e tudo canta...
Cantemos! seja a vida — hinos e flores;
De azul se veste o céu... vistamos ambos
O manto perfumado dos amores.

Doce filha da lânguida tristeza
Ergue a fronte pendida — o sol fulgura!
— Como a flor indolente da campina
Abre ao sol da paixão tua alma pura!

XLIII - NOIVADO

... — 1858

Filha do céu — oh flor das esperanças,
Eu sinto um mundo no bater do peito!
Quando a lua brilhar num céu sem nuvens
Desfolha rosas no virgíneo leito.

Nas horas do silêncio inda és mais bela!
Banhada do luar, num vago anseio,
Os negros olhos de volúpia mortos
Por sob a gaze te estremece o seio!
Vem! a noite é linda, o mar é calmo,
Dorme a floresta — meu amor só, vela;
Suspira a fonte e minha voz sentida
É doce e triste como as vozes dela.
Qual eco fraco de amorosa queixa
Perpassa a brisa na magnólia verde,
E o som magoado do tremer das folhas
Longe — bem longe — devagar se perde.
Que céu tão puro! que silêncio augusto!
Que aromas doces! que natura esta!
Cansada a terra adormeceu sorrindo
Bem como a virgem no cair da sesta!
Vem! tudo é tranquilo, a terra dorme,
Bebe o sereno o lírio do valado...
— Sozinhos, sobre a relva da campina,
Que belo que será nosso noivado!
Tu dormirás ao som dos meus cantares
Oh! filha do sertão! sobre o meu peito.
O moço triste, o sonhador mancebo
Desfolha rosas no teu casto leito.

XLIV - DE JOELHOS

Dezembro — 1858

Qual reza o irmão pelas irmãs queridas,
Ou a mãe que sofre pela filha bela,
Eu — de joelhos — com as mãos erguidas,
Suplico ao céu a felicidade dela.
— "Senhor meu Deus, que sois clemente e justo,
Que dais voz às brisas e perfume à rosa,
Oh! protegei-a com o manto augusto
A doce virgem que sorri medrosa!

Lançai os olhos sobre a linda filha,
Dai-lhe o sossego no seu casto ninho,
E da vereda que seu pé já trilha
Tirai a pedra e desviai o espinho!
Senhor! livrai-a da rajada dura
A flor mimosa que desponta agora;
Deitai-lhe orvalho na corola pura,
Dai-lhe bafejos, prolongai-lhe a aurora!
A doce virgem como a tenra planta
Nunca floresce sobre terra ingrata;
— Bem como a rola — qualquer folha a espanta,
— Bem como o lírio — qualquer vento a mata.
Ela é a rola que a floresta cria,
Ela é o lírio que a manhã descerra...
Senhor, amai-a! — a sua voz macia
Como a das aves, a inocência encerra!
Sua alma pura na novel vertigem
Pede ao amor o seu futuro inteiro...
— Senhor! ouvi o suspirar da virgem,
Dourai-lhe os sonhos no sonhar primeiro!
A mocidade, como a deusa antiga,
Na fronte virgem lhe derrama flores...
— Abri-lhe as rosas da grinalda amiga,
Na mocidade derramai-lhe amores!
Cercai-a sempre de bondade terna,
Lançai orvalho sobre a flor querida;
Fazei-lhe oh Deus! a primavera eterna,
Dai-lhe bafejos — prolongai-lhe a vida!
Depois — de joelhos — eu direi sois justo,
Senhor! mil graças eu vos rendo agora!
Vós protegestes com o manto augusto
A doce virgem que a minh'alma adora! —

LIVRO TERCEIRO

Nascer, lutar, sofrer— eis toda a vida!
Gonçalves Dias

XLV - TRÊS CANTOS

Fevereiro — 1858

Quando se brinca contente
Ao despontar da existência
Nos folguedos de inocência,
Nos delírios de criança;
A alma, que desabrocha
Alegre, cândida e pura —
Nessa contínua ventura
É toda um hino: — esperança!
Depois... na quadra ditosa,
Nos dias da juventude,
Quando o peito é um alaúde,
E que a fronte tem calor;
A alma que então se expande
Ardente, fogosa e bela —
Idolatrando a donzela
Soletra em trovas: — amor!
Mas quando a crença se esgota
Na taça dos desenganos,
E o lento correr dos anos
Envenena a mocidade;
Então a alma cansada
Dos belos sonhos despida,
Chorando a passada vida —
Só tem um canto: — saudade!

XLVI - ILUSÃO

Lisboa — 1856

Quando o astro do dia desmaia
Só brilhando com pálido lume,
E que a onda que brinca na praia
No murmúrio soletra um queixume;
Quando a brisa da tarde respira

O perfume das rosas do prado,
E que a fonte do vale suspira
Como o nauta da pátria afastado;
Quando o bronze da torre da aldeia
Seus gemidos aos ecos envia,
E que o peito que em mágoas anseia
Bebe louco essa grave harmonia;
Quando a terra, da vida cansada,
Adormece num leito de flores
Qual donzela formosa embalada
Pelos cantos dos seus trovadores;
Eu de pé sobre as rochas erguidas
Sinto o pranto que manso desliza
E repito essas queixas sentidas
Que murmuram as ondas co'a brisa.
É então que a minha alma dormente
Duma vaga tristeza se inunda,
E que um rosto formoso, inocente,
Me desperta saudade profunda.
Julgo ver sobre o mar sossegado
Um navio nas sombras fugindo,
E na popa esse rosto adorado
Entre prantos p'ra mim se sorrindo!
Compreendo esse amargo sorriso,
Sobre as ondas correr eu quisera...
E de pé sobre a rocha, indeciso,
Eu lhe brado: — não fujas, — espera!
Mas o vento já leva ligeiro
Esse sonho querido dum dia,
Essa virgem de rosto fagueiro,
Esse rosto de tanta poesia!...
E depois... quando a lua ilumina
O horizonte com luz prateada,
Julgo ver essa fronte divina
Sobre as vagas cismando, inclinada!
E depois... vejo uns olhos ardentes

Em delírio nos meus se fitando,
E uma voz em acentos plangentes
Vem de longe um — adeus — soluçando!

Ilusão!... que a minha alma, coitada,
De ilusões hoje em dia é que vive;
É chorando uma gloria passada,
É carpindo uns amores que eu tive!

XLVII - SONHANDO

Agosto — 1858

Um dia, oh linda, embalada
Ao canto do gondoleiro,
Adormeceste inocente
No teu delírio primeiro,
— Por leito o berço das ondas,
Meu colo por travesseiro!
Eu, pensativo, cismava
Nalgum remoto desgosto,
Avivado na tristeza
Que a tarde tem, ao sol-posto,
E ora mirava as nuvens,
Ora fitava teu rosto.
Sonhavas então, querida,
E presa de vago anseio
Debaixo das roupas brancas
Senti bater o teu seio,
E meu nome num soluço
À flor dos lábios te veio!
Tremeste como a tulipa
Batida do vento frio...
Suspiraste como a folha
Da brisa ao doce cicio...
E abriste os olhos sorrindo
Às águas quietas do rio!

Depois — uma vez — sentados
Sob a copa do arvoredo,
Falei-te desse soluço
Que os lábios abriu-te a medo...
— Mas tu, fugindo, guardaste
Daquele sonho o segredo!...

XLVIII - LEMBRANÇA

Junho — 1858

NUM ÁLBUM

Como o triste marinheiro
Deixa em terra uma lembrança,
Levando n'alma a esperança
E a saudade que consome,
Assim nas folhas do álbum
Eu deixo meu pobre nome.
E se nas ondas da vida
Minha barca for fendida
E meu corpo espedaçado,
Ao ler o canto sentido
Do pobre nauta perdido
Teus lábios dirão: — coitado!

XLIX - O BAILE!

Junho — 1858

Se junto de mim te vejo
Abre-te a boca um bocejo,
Só pelo baile suspiras!
Deixas amor — pelas galas,
E vais ouvir pelas salas
Essas douradas mentiras!
Tens razão! Mais valem risos

Fingidos, desses Narcisos
— Bonecos que a moda enfeita —
Do que a voz sincera e rude
De quem, prezando a virtude,
Os atavios rejeita.
Tens razão! — Valsa, donzela,
A mocidade é tão bela,
E a vida dura tão pouco!
No burburinho das salas,
Cercada de amor e galas,
Sê tu feliz — eu sou louco!
E quando eu seja dormido
Sem luz, sem voz, sem gemido,
No sono que a dor conforta;
Ao concertar tuas tranças
No meio das contradanças
Diz tu sorrindo: "— Qu'importa?...
"Era um louco, em noites belas
"Vinha fitar as estrelas
"Nas praias, co'a fronte nua!
"Chorava canções sentidas
"E ficava horas perdidas
"Sozinho, mirando a lua!
"Tremia quando falava
"E — pobre tonto — chamava
"O baile — alegrias falsas!
"— Eu gosto mais dessas falas
"Que me murmuram nas salas
"No ritornelo das valsas. — "
Tens razão! — Valsa, donzela,
A mocidade é tão bela
E a vida dura tão pouco!
P'ra que fez Deus as mulheres,
P'ra que há na vida prazeres?
Tu tens razão... eu sou louco!
Sim, valsa, é doce a alegria,

Mas ai! que eu não veja um dia
No meio de tantas galas —
Dos prazeres na vertigem,
A tua coroa de virgem
Rolando no pó das salas!...

L - MINH'ALMA É TRISTE

Março 12 — 1858

Mon coeur est plein — je veux pleurer!
Lamartine.

I

Minh'alma é triste como a rola aflita
Que o bosque acorda desde o albor da aurora,
E em doce arrulo que o soluço imita
O morto esposo gemedora chora.
E, como a rola que perdeu o esposo,
Minh'alma chora as ilusões perdidas,
E no seu livro de fanado gozo
Relê as folhas que já foram lidas.
E como notas de chorosa endecha[5]
Seu pobre canto com a dor desmaia,
E seus gemidos são iguais à queixa
Que a vaga solta quando beija a praia.
Como a criança que banhada em prantos
Procura o brinco que levou-lhe o rio,
Minh'alma quer ressuscitar nos cantos
Um só dos lírios que murchou o estio.
Dizem que há gozos nas mundanas galas,
Mas eu não sei em que o prazer consiste.
— Ou só no campo, ou no rumor das salas,
Não sei porque — mas a minh'alma é triste!

5 Poesia fúnebre, muito triste; canção melancólica.

II

Minh'alma é triste como a voz do sino
Carpindo o morto sobre a laje fria;
E doce e grave qual no templo um hino,
Ou como a prece ao desmaiar do dia.
Se passa um bote com as velas soltas,
Minh'alma o segue n'amplidão dos mares;
E longas horas acompanha as voltas
Das andorinhas recortando os ares.
Às vezes, louca, num cismar perdida,
Minh'alma triste vai vagando à toa,
Bem como a folha que do sul batida
Boia nas águas de gentil lagoa!
E como a rola que em sentida queixa
O bosque acorda desde o albor da aurora,
Minh'alma em notas de chorosa endecha
Lamenta os sonhos que já tive outrora.
Dizem que há gozos no correr dos anos!...
Só eu não sei em que o prazer consiste.
— Pobre ludíbrio de cruéis enganos,
Perdi os risos — a minh'alma é triste!

III

Minh'alma é triste como a flor que morre
Pendida à beira do riacho ingrato;
Nem beijos dá-lhe a viração que corre,
Nem doce canto o sabiá do mato!
E como a flor que solitária pende
Sem ter carícias no voar da brisa,
Minh'alma murcha, mas ninguém entende
Que a pobrezinha só de amor precisa!
Amei outrora com amor bem santo
Os negros olhos de gentil donzela,
Mas dessa fronte de sublime encanto
Outro tirou a virginal capela.
Oh! quantas vezes a prendi nos braços!

Que o diga e fale o laranjal florido!
Se mão de ferro espedaçou dois laços
Ambos choramos mas num só gemido!
Dizem que há gozos no viver d'amores,
Só eu não sei em que o prazer consiste!
— Eu vejo o mundo na estação das flores...
Tudo sorri — mas a minh'alma é triste!

IV

Minh'alma é triste como o grito agudo
Das arapongas no sertão deserto;
E como o nauta sobre o mar sanhudo,
Longe da praia que julgou tão perto!
A mocidade no sonhar florida
Em mim foi beijo de lasciva virgem:
— Pulava o sangue e me fervia a vida,
Ardendo a fronte em bacanal vertigem.
De tanto fogo tinha a mente cheia!...
No afã da glória me atirei com ânsia...
E, perto ou longe, quis beijar a s'reia
Que em doce canto me atraiu na infância.
Ai! Loucos sonhos de mancebo ardente!
Esp'ranças altas... Ei-las já tão rasas!...
— Pombo selvagem, quis voar contente...
Feriu-me a bala no bater das asas!
Dizem que há gozos no correr da vida...
Só eu não sei em que o prazer consiste!
— No amor, na glória, na mundana lida,
Foram-se as flores — a minh'alma é triste!

LI - PALAVRAS A ALGUÉM

... — 1858

Tu folgas travessa e louca
Sem ouvires meu lamento,
Sonhas jardins d'esmeralda

Nesse virgem pensamento,
Mas olha que essa grinalda
Bem pode murchá-la o vento!
Ai que louca! abriste o livro
Da minh'alma, livro santo,
Escrito em noites d'angústia,
Regado com muito pranto,
E... quase rasgaste as folhas
Sem entenderes o canto!
Agora corres nos charcos
Em vez das alvas areias!
Deleita-te a voz fingida
Dessas formosas sereias.
Mas eu te falo e te aviso:
— "Olha que tu te enlameias!" —
Tu és a pomba inocente,
Eu sou teu anjo-da-guarda,
Devo dizer-te baixinho:
— "Olha que a morte não tarda!
"Mariposa dos amores
"Deixa a luz, embora arda.
"A chama seduz e brilha
— "Qual diamante entre as gazas —
"E tu no fogo maldito
"Tão descuidosa te abrasas!
"Mariposa, mariposa,
"Tu vais queimar tuas asas!"
Conchinha das lisas praias
Nasceste em alvas areias,
Não corras tu para os charcos
Arrebatada nas cheias!...
— Os teus vestidos são brancos...
Olha que tu te enlameias!...

LII - FOLHA NEGRA

Setembro — 1858

Sinhá,
Um outro mancebo
Alegre, poeta e crente,
Soltara um canto fervente
De amor talvez! — de alegria,
E aqui nas folhas do livro
Deixara — amor e poesia.
Mas eu que não tenho risos
Nem alegrias tão pouco,
Nem sinto esse fogo louco
Que a mocidade consome,
Nas brancas folhas do livro
Só posso deixar meu nome!
É triste como um gemido,
É vago como um lamento;
— Queixume que solta o vento
Nas pedras duma ruma
Na hora em que o sol se apaga
E quando o lírio s'inclina!...
Grito de angústia do pobre
Que sobre as águas se afoga,
Cadáver que boia e voga
Longe da praia querida,
Grito de quem n'agonia
— Já morto — se apega à vida!
Vozes de flauta longínqua
Que as nossas mágoas aviva,
Soluço da patativa,
Queixume do mar que rola,
Cantiga em noite de lua
Cantada ao som da viola!...
Saudades do pegureiro
Que chora o seu lar amado,

— Calado e só — recostado
Na pedra dalgum caminho...
Canção de santa doçura
Da mãe que embala o filhinho!...
Meu nome!... É simples e pobre
Mas é sombrio e traz dores,
— Grinalda de murchas flores
Que o sol queima e não consome...
— Sinhá!... das folhas do livro
É bom tirar o meu nome!...

LIII - À MORTE DE AFFONSO DE A. COUTINHO MESSEDER ESTUDANTE DA ESCOLA CENTRAL

Maio — 1858

Who hath not lost a friend?...
M.

É triste ver a flor que desabrocha
Ou quer no prado, ou na deserta rocha,
        Pender no fraco hastil!
É bem triste dos anos nos verdores
Morrer mancebo, no brotar das flores,
        Na quadra juvenil!
Meu Deus! tu que és tão bom e tão clemente,
P'ra que apagas, Senhor, a chama ardente
        Num crânio de vulcão?
P'ra que poupas o cedro já vetusto
E, sem dó, vais ferir o pobre arbusto
        Às vezes no embrião?!...
Pois não fora melhor vivesse a planta
Cujo perfume a solidão encanta
        No sossego do val?...
— Não veríamos nós neste martírio
Desfalecer tão belo o pobre lírio
        Pendido ao vendaval!

Pobre mancebo! Nesse peito nobre
E nessa fronte que o sepulcro cobre
Era fundo o sentir!
Agora solitário tu descansas,
E contigo esse mundo de esperanças
Tão rico de porvir!
Oh! lamentemos essa pura estrela
Sumida, como no horizonte a vela
Nas névoas da manhã!
A sepultura foi há pouco aberta...
Mas o dormente já se não desperta
À voz de sua irmã!
É mudo aquele a quem irmão chamamos,
E a mão que tantas vezes apertamos
Agora é fria já!
Não mais nos bancos esse rosto amigo
Hoje escondido no fatal jazigo
Conosco sorrirá!
Mancebo, atrás da glória que sorria,
Sonhou grandezas para a pátria um dia,
E a ela os sonhos deu;
Mártir do estudo, na ciência ingrata
Bebeu nos livros esse fel que mata
E pobre adormeceu!
Era bem cedo! — na manhã da vida
Chegar não pôde à terra prometida
Que ao longe lhe sorriu!
Embora desta estrada nos espinhos
Feliz tivesse os maternais carinhos,
Cansado sucumbiu!
Era bem cedo! — Tanta glória ainda
O esperava, meu Deus, na aurora linda
Que a vida lhe dourou!
Pobre mancebo! no fervor dessa alma
Ao colher do futuro a verde palma
Na cova tropeçou!

Dorme pois! Sobre a campa mal cerrada,
Nós que sabemos que esta vida é nada
Choramos um irmão;
E d'envolta c'os prantos da amizade
Aqui trazemos, nos goivos da saudade,
As vozes da oração!
Eu que fui teu amigo inda na infância,
Quando as almas das rosas na fragrância
Bendizem só a Deus —
Hoje venho nas cordas do alaúde
Sentido e grave, à beira do ataúde
Dizer-te o extremo adeus!
Descansa! se no céu há luz mais pura,
De certo gozarás nessa ventura
Do justo a placidez!
Se há doces sonhos no viver celeste,
Dorme tranquilo à sombra do cipreste...
— Não tarda a minha vez!

LIV - BERÇO E TÚMULO

Junho — 1858

NO ÁLBUM DUMA MENINA

Trago-te flores no meu canto amigo
— Pobre grinalda com prazer tecida —
E — todo amores — deposito um beijo
Na fronte pura em que desponta a vida.
É cedo ainda! — quando moça fores
E percorreres deste livro os cantos,
Talvez que eu durma solitário e mudo
— Lírio pendido a que ninguém deu prantos! —
Então, meu anjo, compassiva e meiga
Depõe-me um goivo sobre a cruz singela,
E nesse ramo que o sepulcro implora
Paga-me as rosas desta infância bela!

LV - INFÂNCIA

Rio — 1858

Ó anjo da loura trança,
Que esperança
Nos traz a brisa do sul!
— Correm brisas das montanhas...
Vê se apanhas
A borboleta de azul!...
Ó anjo da loura trança,
És criança,
A vida começa a rir.
— Vive e folga descansada,
Descuidada
Das tristezas do porvir.
Ó anjo da loura trança,
Não descansa
A primavera inda em flor;
Por isso aproveita a aurora
Pois agora
Tudo é riso e tudo amor.
Ó anjo da loura trança,
A dor lança
Em nossa alma agro descrer.
— Que não encontres na vida
Flor querida,
Senão contínuo prazer.
Ó anjo da loura trança,
A onda é mansa
O céu é lindo dossel;
E sobre o mar tão dormente,
Docemente
Deixa correr teu batel.
Ó anjo da loura trança,
Que esperança
Nos traz a brisa do sul!...

— Correm brisas das montanhas...
Vê se apanhas
A borboleta de azul!...

LVI - A UMA PLATEIA

Setembro — 1858

O cedro foi planta um dia,
Viço e força o arbusto cria,
Da vergôntea nasce o galho;
E a flor p'ra ter mais vida,
Para ser — rosa querida —
Carece as gotas de orvalho.
Com o talento é o mesmo
Quando tímido ele adeja
— Qual ave que se espaneja —
Como a flor, também precisa
Em vez do sopro da brisa
O sopro da simpatia
Que lhe adoce os amargores,
Para em horas de cansaço
Na estrada que vai trilhando
Encontrar de quando em quando
Por entre os espinhos — flores.
E vós que acabais de ouvi-lo
A suspirar nesse trilo
No seu gorjeio primeiro;
Vós, que viste o seu começo.
Dai-lhe essas palmas de apreço
Que é artista e... brasileiro!

LVII - NO TÚMULO DUM MENINO

Maio — 1858

Um anjo dorme aqui: na aurora apenas,
Disse adeus ao brilhar das açucenas
Sem ter da vida alevantado o véu.
— Rosa tocada do cruel granizo —
Cedo finou-se e no infantil sorriso
Passou do berço p'ra brincar no céu!

LVIII - A J.J.C. MACEDO-JUNIOR

Maio — 1858

Poéte, prends ta lyre; aigle, ouvre ta jeune aile;
Etoile, etoile, léve-toi!
V. Hugo.

Como o índio a saudar o sol nascente,
Co'o sorriso nos lábios, franco e ledo
Aperto a tua mão:
Cantor das açucenas, crê-me agora,
Este canto que a lira balbucia
É pobre, mas de irmão!
Quando se sente como eu sinto e sofro,
A mente ferve e o coração palpita
De glórias e de amor:
Se ouço Arthur ao piano eu me extasio,
Mas ouvindo teus hinos me arrebato
E pasmo ante o cantor!
Na juventude, no florir dos anos,
Não sei que vozes nos entornam n'alma
Canções de querubim!
Uns perdem, como eu, cedo os verdores,
Mas outros crescem no primor das graças
E tu serás assim!
Oh! mocidade! como és bela e rica!
Hinos de amores neste sec'lo bruto!
Louvor ao menestrel!

Palmas a ti, cantor das açucenas!
Quatorze primaveras nessa fronte
Semelham-te um laurel!
Quando tão moço, no raiar da vida,
Já doce cantas como o doce aroma
Das lânguidas cecéns[6],
Podes, criança, erguer a fronte altiva!
Como André-Chénier[7], no crânio augusto
Alguma cousa tens!
Não desmintas, irmão, este profeta,
Sibarita indolente, sobre rosas
Não queiras tu dormir,
Se ao longe já te brilha amiga estrela
Aproveita o talento — estuda e pensa —
É belo o teu porvir!
Não faças como nós; na infância apenas
Solta poeta o gorjear de amores
Que é doce o teu cantar.
Seja a vida p'ra ti só riso e galas
E adormeças a cismar quimeras
Da noite no luar.
Não faças como nós; não desças louco
A buscar sensações na bruta orgia
Das longas saturnais;
Se a lama impura salpicar-te as penas,
Sacode as asas minha pomba casta
E foge dos pardais.
Não manches meu poeta as vestes brancas
No mundo infame; mirra-se a grinalda
E vão-se as ilusões!
A crença se desbota e o nauta chora
Desanimado no vaivém teimoso
Dos grossos vagalhões!
Foge do canto da gentil sereia

6 Açucenas.
7 André-Chénier (1762-1794) - célebre poeta francês. Protestou eloquentemente contra os excessos da Revolução Francesa, foi condenado à morte e decapitado.

Que engana com sorriso de feitiços
— Tão pálida Rachel!
Não encostes na taça os lábios sôfregos...
O vaso queima e beberás nos risos
Da amargura o fel!
Conserva na tua alma a virgindade,
E tenha o coração na rica aurora
Das rosas o matiz;
Se a donzela cuspir nos teus amores
Chora perdida essa ilusão primeira...
Mas vive e sê feliz!
Se a dor for grande não te vergues fraco,
Oh! não escondas no sepulcro a fronte
Aos raios deste sol;
Não vás como Azevedo — o pobre gênio —
Embrulhar-te sem dó na flor dos anos
Da morte no lençol!
Vive e canta e ama esta natura,
A pátria, o céu azul, o mar sereno,
A veiga que seduz;
E possa meu poeta essa existência
Ser um lindo vergel todo banhado
De aromas e de luz!
Oh! canta e canta sempre! esses teus hinos
Eu sei, terão no céu ecos mais santos
Que a terra não dará;
Oh! canta! é doce ao triste que soluça
Ouvir saudoso no cair da tarde
A voz do sabiá!
Canta! e que teus hinos d'esperança
Despertem deste mundo de misérias
A estúpida mudez;
E dos prelúdios dessa lira ingênua
Em poucos anos surgirá brilhante
Millevoye[8] — talvez!

8 Carlos Humberto Millevoye (1782-1816), poeta francês, autor de elegias notáveis.

LIX - UMA HISTÓRIA

Novembro — 1858

A brisa dizia à rosa:
— "Dá, formosa,
Dá-me, linda, o teu amor;
Deixa eu dormir no teu seio
Sem receio,
Sem receio minha flor!
Da tarde virei da selva
Sobre a relva
Os meus suspiros te dar;
E de noite na corrente
Mansamente
Mansamente te embalar!" —
E a rosa dizia à brisa:
— "Não precisa
Meu seio dos beijos teus;
Não te adoro... és inconstante...
Outro amante,
Outro amante aos sonhos meus!
Tu passas de noite e dia
Sem poesia
A repetir-me os teus ais;
Não te adoro... quero o Norte
Que é mais forte
Que é mais forte e eu amo mais!" —
No outro dia a pobre rosa
Tão vaidosa
No hastil se debruçou;
Pobre dela! — Teve a morte
Porque o Norte
Porque o Norte a desfolhou!...

LX - NO LEITO

Agosto — 1858

M***

Se eu morresse amanhã!
A. de Azevedo

I

Eu sofro; — o corpo padece
E minh'alma se estremece
Ouvindo o dobrar dum sino!
Quem sabe? — A vida fenece
Como a lâmpada no templo
Ou como a nota dum hino!
A febre me queima a fronte
E dos túmulos a aragem
Roçou-me a pálida face;
Mas no delírio e na febre
Sempre teu rosto contemplo,
E serena a tua imagem.
Vela à minha cabeceira,
Rodeada de poesia,
Tão bela como no dia
Em que vi-te a vez primeira!
Teu riso a febre me acalma;
— Ergue-se viva a minh'alma
Sorvendo a vida em teus lábios
Como o saibo dos licores,
E na voz, que é toda amores,
Como um bálsamo bendito,
Ouvindo-a, eu pobre palpito,
Sou feliz e esqueço as dores.

II

Se a morte colher-me em breve,
Pede ao vento que te leve
O meu suspiro final;

— Será queixoso e sentido,
Como da rola o gemido
Nas moitas do laranjal.
Quisera a vida mais longa
Se mais longa Deus m'a dera,
Porque é linda a primavera,
Porque é doce este arrebol,
Porque é linda a flor dos anos
Banhada da luz do sol!
Mas se Deus cortar-me os dias
No meio das melodias,
Dos sonhos da mocidade,
Minh'alma tranquila e pura
À beira da sepultura
Sorrirá à eternidade.
Tenho pena... sou tão moço!
A vida tem tanto enlevo!
Oh! que saudades que levo
De tudo que eu tanto amei!
— Adeus oh! sonhos dourados,
Adeus oh! noites formosas,
Adeus futuro de rosas
Que nos meus sonhos criei!
Ao menos, nesse momento
Em que o letargo nos vem
Na hora do passamento,
No suspirar da agonia
Terei a fronte já fria
No colo de minha mãe!

III

Mas eu bendigo estas dores,
Mas eu abençoo o leito
Que tantas mágoas me dá,
Se me jurares, querida,
Que meu nome no teu peito

Morto embora — viverá!
— Que às vezes na cruz singela
Tu irás pálida e bela
Desfolhar uma saudade!
— Que de noite, ao teu piano,
Na voz que a paixão desata,
Chorarás a — Traviata[9]
Que eu dantes amava tanto
Nas ânsias do meu amor!
— E que darás compassiva
Uma gota do teu pranto
À memória morta ou viva
Do teu pobre sonhador!
Bendita, bendita sejas,
Se nas notas benfazejas
Tua alma falar co'a minha
Nessa linguagem do céu
Que o pensamento adivinha!
Eu — o filho da poesia —
Dormirei no meu sepulcro,
Embalado em harmonia
Ao som do piano teu!

IV

Que tem a morte de feia?!
— Branca virgem dos amores,
Toucada de murchas flores,
Um longo sono nos traz;
E o triste que em dor anseia
— Talvez morto de cansaço —
Vai dormir no seu regaço
Como num claustro de paz!
Oh! virgem das sepulturas,
Teu beijo mata as venturas

9 Traviata — ópera em quatro atos de Verdi. O libreto é uma adaptação de A Dama das Camélias de Alexandre Dumas Filho.

Da terra, mas rasga o véu
Que a eternidade nos vela;
E nós — os filhos do erro —
Libertos deste desterro,
Vamos contigo... donzela,
No branco leito de pedra,
Onde a miséria não medra,
Sonhar os sonhos do céu!...
Ha tantas rosas nas campas!
Tanta rama nos ciprestes!
Tanta dor nas brancas vestes!
Tanta doçura ao luar!
— Que ali o morto poeta
Nos seus íntimos segredos,
À sombra dos arvoredos
Pode viver a sonhar!

V

Assim, — se amanhã, se logo,
Sentires na face amada
Passar um sopro de fogo
Que te queime o coração,
E uma mão fria e gelada
Comprimir a tua mão
Frisando os cabelos teus;
— Não tenhas tu vãos temores,
Pois é minh'alma, querida,
Que ao desprender-se da vida
— Toda saudade e amores —
Vai dizer-te o extremo — adeus!...

LXI - POIS NÃO É?!

Indaiassú — 1857

Ver cair o cedro anoso
Que campeava na serra,
Ver frio baixar à terra
O pobre velho bondoso
Que procurando repouso
Tropeçou na sepultura;
É triste, sim, é verdade,
Mas não tão grande a saudade
Nem a dor tão funda e dura,
Pois que ao velho e ao cedro altivo
Partido à voz da procela,
No mundo — jardim lascivo —
A vida foi longa e bela.
Mas ver a rosa do prado
Que a aurora deu cor e vida,
De manhã — flor do valado,
De tarde — rosa pendida!...
Mas ver a pobre mangueira
Na primavera primeira
Crescendo toda enfeitada
De folhas, perfume e flor,
Ouvindo o canto de amor
No sopro da viração;
Mas vê-la depois lascada
Em duas cair no chão!...
Mas ver o pobre mancebo
Em quem a seiva reluz,
No sonho cândido e puro
Nas glórias do seu futuro
Dourando a vida de luz
Mas vê-lo quando a sua alma
Ao som d'ignota harmonia
Se derramava em poesia;
Quando junto da donzela

— Cativo dos olhos dela —
Na voz que balbuciava
De amores falava a medo;
Quando o peito trasbordava
De crenças, de amor, de fé,
Vê-lo finar-se tão cedo,
Como as vozes dum segredo...
É dor demais — pois não é?!...

LXII - NA ESTRADA

Rio — 1858

CENA CONTEMPORÂNEA

Eu vi o pobre velho esfarrapado
— Cabeça branca — sentado pensativo
Dum carvalho ao pé;
Esmolava na pedra dum caminho,
Sem família, sem pão, sem lar, sem ninho,
E rico só de fé!
Era de tarde; ao toque do mosteiro
Seu lábio a murmurar rezava baixo,
— Ao lado o seu bordão;
E o sol, no raio extremo, lhe dourava
Sobre a fronte senil a dupla c'roa
De pobre e de ancião!
E o homem de metal vinha sorrindo
Contando ao companheiro os gordos lucros
Na usura de judeus;
O mendigo estendeu a mão mirrada,
E pediu-lhe na voz entrecortada:
— Uma esmola, por Deus!
O homem de metal embevecido
Em sonhos de milhões, por junto à pedra
Sem responder, passou!
O pobre recolheu a mão vazia...
O anjo tutelar velou seu rosto
Mas — Satanás folgou!

LXIII - NO JARDIM

Dezembro — 1858

CENA DOMÉSTICA

Tête sacrée! enfant aux cheveux blonds!
V. Hugo

Ela estava sentada em meus joelhos
E brincava comigo — o anjo louro,
E passando as mãozinhas no meu rosto
Sacudia rindo os seus cabelos d'ouro.
E eu, fitando-a, abençoava a vida!
Feliz sorvia nesse olhar suave
Todo o perfume dessa flor da infância,
Ouvia alegre o gazear dessa ave!
Depois, a borboleta da campina
Toda azul — como os olhos grandes dela —
A doudejar gentil passou bem junto
E beijou-lhe da face a rosa bela.
— Oh! como é linda! disse o louro anjinho
No doce acento da virgínea fala —
Mamãe me ralha se eu ficar cansada
Mas — dizia a correr — hei de apanhá-la! —
Eu segui-a chamando-a, e ela rindo
Mais corria gentil por entre as flores,
E a — flor dos ares — abaixando o voo
Mostrava as asas de brilhantes cores.
Iam, vinham, à roda das acácias,
Brincavam no rosal, nas violetas,
E eu de longe dizia: — Que doidinhas!
Meu Deus! meu Deus! são duas borboletas!...

LXIV - RISOS

Rio — 1858

Ri, criança, a vida é curta,
O sonho dura um instante.
Depois... o cipreste esguio
Mostra a cova ao viandante!
A vida é triste — quem nega?
— Nem vale a pena dizê-lo.
Deus a parte entre seus dedos
Qual um fio de cabelo!
Como o dia, a nossa vida
Na aurora é — toda venturas,
De tarde — doce tristeza,
De noite — sombras escuras!
A velhice tem gemidos,
— A dor das visões passadas —
A mocidade — queixumes,
Só a infância tem risadas!

Ri, criança, a vida é curta,
O sonho dura um instante.
Depois... o cipreste esguio
Mostra a cova ao viandante!

LIVRO NEGRO

I - HORAS TRISTES

Abril — 1858

Eu sinto que esta vida já me foge
Qual d'harpa o som final,
E não tenho, como o náufrago nas ondas
Nas trevas um fanal!
Eu sofro e esta dor que me atormenta
É um suplício atroz!
E p'ra contá-la falta à lira cordas
E aos lábios meus a voz!
Às vezes no silêncio da minh'alma,
Da noite na mudez,
Eu crio na cabeça mil fantasmas
Que aniquilo outra vez!
Dói-me inda a boca que queimei sedento
Nas esponjas de fel,
E agora sinto no bulhar da mente
A torre de Babel!
Sou triste como o pai que as belas filhas
Viu lânguidas morrer,
E já não pousam no meu rosto pálido
Os risos do prazer!

E contudo, meu Deus! eu sou bem moço,
Devera só me rir,
E ter fé e ter crença nos amores,
Na glória e no porvir!
Eu devera folgar nesta natura
De flores e de luz,
E, mancebo, voltar-me p'r'o futuro
Estrela que seduz!
Agora em vez dos hinos d'esperança,
Dos cantos juvenis,
Tenho a sátira pungente, o riso amargo,
O canto que maldiz!

Os outros, — os felizes deste mundo,
Deleitam-se em saraus;
Eu solitário sofro e odeio os homens,
P'ra mim são todos maus!
Eu olho e vejo... — a veiga é de esmeralda
O céu é todo azul.
Tudo canta e sorri... só na minh'alma
O lodo dum paul!
Mas se ela — a linda filha do meu sonho,
A pálida mulher
Das minhas fantasias, dos seus lábios
Um riso, um só me der;
Se a doce virgem pensativa e bela,
— A pudica vestal
Que eu criei numa noite de delírio
Ao som da saturnal;
Se ela vier enternecida e meiga
Sentar-se junto a mim;
Se eu ouvir sua voz mais doce e terna
Que um doce bandolim;
Se o seu lábio afagar a minha fronte
— Tão fervido vulcão!
E murmurar baixinho ao meu ouvido
As falas da paixão;
Se cair desmaiada nos meus braços
Morrendo em languidez,
De certo remoçado, alegre e louco
Sentira-me talvez!...

Talvez que eu encontrasse as alegrias
Dos tempos que lá vão,
E afogasse na luz da nova aurora
A dor do coração!
Talvez que nos meus lábios desmaiados
Brilhasse o seu sorrir,

E de novo, meu Deus, tivesse crença
Na glória e no porvir!
Talvez minh'alma ressurgisse bela
Aos raios desse sol,
E nas cordas da lira seus gorjeios
Trinasse um rouxinol!
Talvez então que eu me pegasse à vida
Com ânsia e com ardor,
E pudesse aspirando os seus perfumes
Viver do seu amor!
P'ra ela então seria a minha vida,
A glória, os sonhos meus;
E dissera chorando arrependido:
— Bendito seja Deus! —

II - DORES

Rio — 1858

Há dores fundas, agonias lentas,
Dramas pungentes que ninguém consola,
Ou suspeita sequer!
Mágoas maiores do que a dor dum dia,
Do que a morte bebida em taça morna
De lábios de mulher!
Doces falas de amor que o vento espalha.
Juras sentidas de constância eterna
Quebradas ao nascer;
Perfídia e olvido de passados beijos...
São dores essas que o tempo cicatriza
Dos anos no volver.
Se a donzela infiel nos rasga as folhas
Do livro d'alma, magoado e triste
Suspira o coração;
Mas depois outros olhos nos cativam,
E loucos vamos em delírios novos
Arder noutra paixão.

Amor é ó rio claro das delícias
Que atravessa o deserto, a veiga, o prado,
E o mundo todo o tem!
Que importa ao viajor que a sede abrasa,
Que quer banhar-se nessas águas claras,
Ser aqui ou além?
A veia corre, a fonte não se estanca,
E as verdes margens não se crestam nunca
Na calma dos verões;
Ou quer na primavera, ou quer no inverno,
No doce anseio do bulir das ondas
Palpitam corações.
Não! a dor sem cura, a dor que mata,
É, moço ainda, aperceber na mente
A dúvida a sorrir!
É a perda dura dum futuro inteiro
E o desfolhar sentido das sentis coroas,
Dos sonhos do porvir!
É ver que nos arrancam uma a uma
Das asas do talento as penas de ouro,
Que voam para Deus!
É ver que nos apagam d'alma as crenças
E que profanam o que santo temos
Co'o riso dos ateus!
É assistir ao desabar tremendo,
Num mesmo dia, d'ilusões douradas,
Tão cândidas de fé!
É ver sem dó a vocação torcida
Por quem devera dar-lhe alento e vida
E respeitá-la até!
É viver, flor nascida nas montanhas,
Para aclimar-se, apertada numa estufa
À falta de ar e luz!
É viver, tendo n'alma o desalento,
Sem um queixume, a disfarçar as dores
Carregando a cruz!

Oh! ninguém sabe como a dor é funda,
Quanto pranto s'engole e quanta angústia,
A alma nos desfaz!
Horas há em que a voz quase blasfema...
E o suicídio nos acena ao longe
Nas longas saturnais!
Definha-se a existência a pouco e pouco,
E ao lábio descorado o riso franco
Qual d'antes, já não vem;
Um véu nos cobre de mortal tristeza,
E a alma em luto, despida dos encantos,
Amor nem sonhos tem!
Murcha-se o viço do verdor dos anos,
Dorme-se moço e despertamos velho,
Sem fogo para amar!
E a fronte jovem que o pesar sombreia
Vai, reclinada sobre um colo impuro,
Dormir no lupanar!
Ergue-se a taça do festim da orgia,
Gasta-se a vida em noites de luxúria
No leito dos bordéis,
E o veneno se sorve a longos tragos
Nos seios brancos e nos lábios frios
Das lânguidas Frinés![10]
Esquecimento! — mortalha para as dores —
Aqui na terra é a embriaguez do gozo,
A febre do prazer:
A dor se afoga no fervor dos vinhos,
E no regaço das Margôs[11] modernas
É doce então morrer!
Depois o mundo diz: — Que libertino!
A folgar no delírio dos alcouces[12]
As asas empanou! —

10 Friné (Phryné) — cortesã grega. Praxíteles tomou-a como modelo para as suas estátuas de Vênus.

11 Outra referência a prostitutas.

12 Prostíbulo.

Como se ele, algoz das esperanças,
As crenças infantis e a vida d'alma
Não fosse quem matou!...

Oh! há dores tão fundas como o abismo,
Dramas pungentes que ninguém consola
Ou suspeita sequer!
Dores na sombra, sem carícias d'anjo,
Sem voz de amigo, sem palavras doces,
Sem beijos de mulher!...

III - ...

... — 1858

Pobre criança que te afliges tanto
Porque sou triste e se chorar me vês,
E que borrifas com teu doce pranto
Meus pobres hinos sem calor, talvez;
Deus te abençoe, querubim formoso,
Branca açucena que o paul brotou!
Teu pranto é gota de celeste gozo
Na úlcera funda que ninguém curou.
Pálido e mudo e do caminho em meio
Sentei-me à sombra sofredor e só!
Do choro a baga umedeceu-me o seio,
Da estrada a gente me cobriu de pó!
Meus tristes cantos comecei chorando,
Santas endechas, doloridos ais...
E a turba andava! Só de vez em quando
Lânguido rosto se volvia atrás!
E louca a turba que passou sorrindo
Julgava um hino o que eu chamava um ai!
Alguém murmura: — Como o canto é lindo! —
Sorri-se um pouco e caminhando vai!
Bendito sejas, querubim de amores,
Branca açucena que o paul brotou!

Teu pranto é gota que mitiga as dores
Da úlcera funda que ninguém curou!
Há na minh'alma alguma cousa vago,
Desejos, ânsias, que explicar não sei:
Talvez — desejos — dalgum lindo lago,
— Ânsias— dum mundo com que já sonhei!...
E eu sofro, oh anjo; na cruel vigília
O pensamento inda redobra a dor,
E passa linda do meu sonho a filha
Soltas as tranças a morrer de amor!
E louco a sigo por desertos mares,
Por doces veigas, por um céu de azul;
Pouso com dia nos gentis palmares
À beira d'água, nos vergéis do sul!...
E a virgem foge... e a visão se perde
Por outros climas, noutro céu de luz;
E eu — desperto do meu sonho verde —
Acordo e choro carregando a cruz!
Pobre poeta! na manhã da vida
Nem flores tenho, nem prazer também!
— Roto mendigo que não tem guarida —
Tímido espreito quando a noite vem!
Bendito sejas, querubim de amores,
Branca açucena que o paul brotou!
Teu doce pranto me acalenta as dores
Da úlcera funda que ninguém curou!

A minha vida era areal despido
De relva e flor e na estação louçã!
Tu foste o lírio que nasceu, querido,
Entre a neblina de gentil manhã.
Em ondas mortas meu batel dormia,
Chorava o pano a viração sutil,
Mas veio o vento no correr do dia
E, leve, o bote resvalou no anil.
Eu era a flor do escalavrado galho

Que a tempestade no passar quebrou;
Tu foste a gota de bendito orvalho
E a flor pendida a reviver tornou.
Teu rosto puro restitui-me a calma,
Ergue-me as crenças, que já vejo em pé;
E teus olhares me derramam n'alma
Doces consolos e orações de fé.
Não serei triste; se te ouvir a fala
Tremo e palpito como treme o mar,
E a nota doce que teu lábio exala
Virá sentida ao coração parar.
Suspenso e mudo no mais casto enlevo
Direi meus hinos c'os suspiros teus,
E a ti, meu anjo, a quem a vida devo
Hei de adorar-te como adoro a Deus!

IV - FRAGMENTO

Dezembro — 1858

O mundo é uma mentira, a glória — fumo,
A morte — um beijo, e esta vida um sonho
Pesado ou doce, que s'esvai na campa!
O homem nasce, cresce, alegre e crente
Entra no mundo c'o sorrir nos lábios,
Traz os perfumes que lhe dera o berço,
Veste-se belo d'ilusões douradas,
Canta, suspira, crê, sente esperanças,
E um dia o vendaval do desengano
Varre-lhe as flores do jardim da vida
E nu das vestes que lhe dera o berço
Treme de frio ao vento do infortúnio!
Depois — louco sublime — ele se engana,
Tenta enganar-se p'ra curar as mágoas,
Cria fantasmas na cabeça em fogo,
De novo atira o seu batel nas ondas,
Trabalha, luta e se afadiga embalde

Até que a morte lhe desmancha os sonhos.
Pobre insensato — quer achar por força
Pérola fina em lodaçal imundo!
— Menino louro que se cansa e mata
Atrás da borboleta que travessa
Nas moitas do mangal[13] voa e se perde!...

V - ANJO!

Julho— 1858

M.

Sub umbra alarum tuarum.

Eu era a flor desfolhada
Dos vendavais ao correr;
Tu foste a gota dourada
E o lírio pôde viver.
Poeta, dormia pálido
No meu sepulcro, bem só;
Tu disseste — Ergue-te Lázaro! —
E o morto surgiu do pó!
Eu era sombrio e triste...
Contente minh'alma é;
Eu duvidava... sorriste,
Já no amar tenho fé.
A fronte que ardia em brasas
A seus delírios pôs fim
Sentindo o roçar das asas,
O sopro dum querubim.
Um anjo veio e deu vida
Ao peito de amores nu:
Minh'alma agora remida
Adora o anjo — que és tu!

13 Mangue.

VI - ÚLTIMA FOLHA

Maio — 1856

Meu Deus! Meu Pai! Se o filho da desgraça
Tem jus[14] um dia ao galardão remoto,
Ouve estas preces e me cumpre o voto
— A mim que bebo do absinto a taça!
— "Feliz serás se como eu sofreres,
"Dar-te-ei o céu em recompensa ao pranto" —
Vós o disseste — E eu padeço tanto!...
Que novos transes preparar me queres?
Tudo me roubam meus cruéis tiranos:
Amor, família, felicidade, tudo!...
Palmas da glória, meus lauréis do estudo,
Fogo do gênio, aspiração dos anos!...
Mas o teu filho já se não rebela
Por tal castigo, pelas mágoas duras;
— Minh'alma of'reço às provações futuras...
Venha o martírio... mas — perdão p'ra ela!...
A doce virgem se assemelha às flores...
O vento a quebra no seu verde ninho.
— Velai ao menos pelo pobre anjinho,
— Pagai-lhe em gozo o que me dais em dores!

14 Direito.

COLEÇÃO GRANDES OBRAS

AS PRIMAVERAS

Casimiro de Abreu

VERMELHO MARINHO

Este livro foi impresso em tipologia
Gentium Book Basic, corpo 11/12.